CHRONIQUES IMPÉRIALES.

IMPRIMERIE DE J.-S. CORDIER FILS,
Rue Thévenot, n°. 8.

NIP. ADAM INV.
CHERRIER SC.

CHRONIQUES

IMPÉRIALES

Par A. BARGINET (DE GRENOBLE)

1re. PÉRIODE.

PARIS.

L. GUILLEMIN FILS, ÉDITEUR,

PALAIS-ROYAL, 164, GALERIE DE VALOIS,

1833.

LE COIN DU FEU

Du Capitaine Tranquille.

Approchez, vétérans ! à nos foyers assis ,
Venez, ennivrez – nous d'héroïques récits.
Napoléon en Égypte.

Les guerres sont terminées , nos glaives sont oisifs ,
le coursier mord le frein , le casque est suspendu à la
muraille , le guerrier se repose...
Byron.

INTRODUCTION.

Le Coin du Feu du Capitaine Tranquille.

—C'est bien, voisin, s'écria-t-il, faites comme les autres..... Paix, Ketle, je veux dire tout ce que j'ai sur le cœur, le voisin ne peut s'en fâcher. En effet, mon voisin, j'ai entendu dire que nous vivions à une époque où la société, lasse de son histoire, s'était tout-à-coup passionnée pour les contes. Les longs récits lui font peur, les réalités l'affligent, et elle s'est rejetée dans une littérature de marqueterie, qui, n'ayant ni bases ni limites, permet tous les écarts de l'imagination, et sert admirablement l'impuissance d'une foule de grands hommes inconnus qui se révèlent dans nos recueils et nos revues. Aussi, depuis le calife Aaroun-al-Raschid et la reine Berthe, jamais plus de contes ne furent débités aux bonnes gens ; nous en sommes inondés, saturés, parfumés ; nous avons eu des contes bleus, bruns, drolatiques, maritimes, vrais, de toutes les couleurs. Jusqu'à présent, l'horreur paraît être le ressort principal de ces compositions, lors même que l'auteur en gants blancs, en frac élégant, avec une cravate merveilleusement nouée, nous introduit sur la pointe des pieds dans le boudoir d'une femme charmante, dont il se plait à nous détailler un à un les délicieux mystères. Ce système littéraire a dû nécessairement procéder d'un système de morale, s'il est bien vrai, comme l'a dit M. de Bonald, le Montesquieu du Saint-Office, que la littérature soit l'expression de la société.

D'après ce système, ajouta-t-il, nous sommes, il faut l'avouer, une race d'êtres bien abominables. Toutes les femmes sont devenues folles, c'est-à-dire mélancoliques et passionnées. Cette jeune fille à la taille svelte, au teint frais, à l'œil vif, a un sourire sur les lèvres, mais un serpent lui ronge le cœur, et sur le lit de parfums et de fleurs où elle va chercher le sommeil, elle a des songes de l'enfer. Tous les hommes sont absolument d'infâmes scélérats, méditant de sang-froid, ou avec un rire convulsif, des forfaits que notre code criminel, si prévoyant, n'a cependant pas devinés. La lâcheté, la trahison, l'adultère, se partagent le monde; le vice seul y est protégé, honoré; les idées religieuses ne sont que des illusions décevantes, et celui qui croit être resté pur au milieu de cette profanation scandaleuse de la faculté de penser, ne sait comment détourner ses regards attristés du spectacle odieux que lui retrace notre littérature!

Ce n'est certes pas moi qui me permettrais de tenir un langage si peu orthodoxe, et surtout si peu raisonnable. Mais le capitaine Tranquille n'est pas homme à s'inquiéter des conséquences que peut avoir sa franchise un peu rude. Les bras croisés sur sa poitrine, comme le chef qu'il a servi bien longtemps, on dirait qu'il prend plaisir à braver les orages. Il a dans sa conversation un abandon, un laissez-aller dont je frémis quelquefois. Il prétend que son opinion est à lui, que c'est son bien, et qu'il est libre d'en disposer comme il lui plait. Cet homme a de telles idées d'indépendance dans la tête, que je l'ai entendu parler, avec peu de réserve, même des journalistes! Il prétend que leur joug est une féodalité déguisée, et que la liberté de la presse n'est qu'un impôt prélevé sur la morale et le bon sens, au profit de quelques hommes qui abusent du privilége.

Je suis loin de partager de telles opinions, et j'ai pour cela de bonnes raisons. Mais je vous ai parlé du capitaine Tranquille, et il est important que je vous le fasse bien connaître. Si le faible talent de son biographe ne compromet pas sa réputation, je ne doute pas que vous ne lui pardonniez sa rudesse et la bizarrerie de quelques-unes de ses idées, en faveur des louables qualités dont il est doué.

Je ne viens pas vous présenter un de ces vétérans à l'écorce dure, à la parole brève, au jurement prompt, comme les marins de comédie. Ce n'est pas non plus un de ces végétaux militaires qui, devenus officiers après trente années de service, digèrent une pension sans qu'une seule idée vienne jamais troubler les fonctions de leur estomac; gens d'une nature inerte, qui ne songent ni au passé ni à l'avenir, et qui prononcent toujours avec un profond respect le mot gouvernement, car c'est l'être de raison personnifié dans ce mot, qui paye leur pension.

Mon intention n'est pas de vous retracer un de ces braves hommes dont l'intelligence s'est absorbée dans l'étude de la théorie militaire, et qui sont connus dans le monde sous le nom de *culottes de peau.* Cette espèce, un peu supérieure à la variété précédente, a un reste de vie, mais d'une vie toute spéciale, dont les mœurs et les habitudes contrastent singulièrement avec l'urbanité et l'indépendance de la vie sociale. Pour cet homme, l'état militaire est le premier de tous, et l'officier en retraite est le beau idéal de la civilisation. Il y a au fond de son âme un sentiment d'honneur national qui est très-louable, mais ce sentiment est comme neutralisé par les préjugés de hiérarchie et d'obéissance passive au grade supérieur, dont le digne guerrier est imprégné. Du reste, il est absolu dans ses opinions, comme Charles XII ou un vieux sergent. Ne vous avisez pas de raconter devant lui un événement militaire quelconque, il a tout vu, il sait tout, le nombre des morts, celui des blessés, celui des pièces de canon. Il s'est trouvé à toutes les batailles, il sait le nom des généraux et ceux de leurs aides de camp ; il a en un mot l'imagination brillante comme un auteur de mimodrames, et il a de l'esprit comme un feuilleton du Constitutionnel. La culotte de peau appartient donc à une espèce honnête, mais dont il faut soigneusement éviter le contact..

Je ne veux pas davantage vous parler de cette variété de l'ancien militaire, que par souvenir d'une autre époque, on appelle officier à demi-solde. Ce personnage d'une nature mixte et douteuse, porte la redingote boutonnée jusque sous le menton ; il est d'usage que ce vêtement soit à demi usé, comme le chapeau rond jeté d'un côté presque sur l'oreille ; la moustache et en général le ruban de la légion d'honneur

sont les ornemens obligés du costume du genre.
La voix haute, le ton brusque et menaçant
l'habitude de la pipe, une grande habileté au
jeu de billard, sont les habitudes ordinaires de
l'espèce. Ce fut un malheur pour les braves de
la grande armée·, que la restauration abandonna
aux chances de la vie civile pour laquelle ils
avaient peu d'aptitude et de penchant, qu'un
grand nombre de mauvais sujets et d'aigrefins
eussent adopté, pour avoir l'air de quelque
chose, les formes extérieures de leur noble infortune. En général, on se défie, non pas de
l'officier à demi-solde, mais de ses nombreux
Sosies.

Il y a encore une variété de l'espèce militaire,
qui est digne d'attention, car elle offre des sujets
nombreux, et contient en elle-même un de ces
mille problèmes du cœur humain dont la solution est si difficile. Je veux parler de cet ancien
défenseur de la patrie, à la taille de grenadier,
à la voix forte, aux épais favoris, au visage hâlé
et sillonné par de nobles blessures, qui semble
toujours prêt à jouer de la baïonnette ou du
sabre, et qui cependant a des mœurs douces,

un caractère facile et une petite femme vive, emportée, qui est pour lui comme le saint drapeau de son régiment. On est tout surpris de voir ces hommes à l'aspect encore fier et belliqueux, soumis aux volontés de l'être faible et capricieux qu'ils ont honoré de leur nom. Ces époux complaisans sont presque toujours des pères faciles et tolérans, on dirait qu'ayant épuisé en eux toutes les misères de la vie, ils savourent à longs traits le bonheur d'une existence paisible, que ne doivent plus troubler les orages du passé.

Le capitaine Tranquille, ancien militaire, n'appartient néanmoins à aucune de ces variétés, il est type lui-même, c'est un être à part. Voici tout ce que je sais de lui et de sa vie.

En 1792, le citoyen Jacques – Honoré Tranquille, était un grand et vigoureux jeune homme qui suivit ces nobles phalanges de volontaires dont l'Europe a apprécié la valeur et le dévoûment patriotique. Il eût été difficile, même à cette époque, de juger si le jeune volontaire partageait ou non l'enthousiasme de ses compagnons. Par un de ces jeux inexplicables de la nature, le nom de Tranquille qui lui avait été transmis par son père, de la manière la plus légitime, était une parfaite image de son caractère, qui se révélait encore dans l'impassibilité de ses traits. Son visage n'aurait point paru appartenir à un être animé, si un rayon d'intelligence n'eût donné de l'éclat à ses yeux bleus, et si, dans les grandes occasions, un sourire passager, semblable à ce frissonnement que le vent du soir excite en se jouant sur les eaux paisibles d'un lac, n'eût effleuré ses lèvres. Au reste, que le jeune homme n'eût d'autre lit que le bivouac, ou que les hasards de la guerre lui procurassent un meilleur gîte; qu'il fût réduit au pain bis du soldat ou qu'une généreuse hospitalité le dédommageât des privations de la guerre, jamais l'expression de la plainte ou de la joie ne sortit de sa bouche. On ne sut jamais s'il était triste ou joyeux, mécontent ou satisfait; et cependant un cœur intrépide et généreux battait sous cette enveloppe de marbre, une âme capable d'enthousiasme et de dévoûment était renfermée dans cette froide prison, une intelligence élevée était cachée sous ce front immobile et sévère.

On m'a assuré que le brave Tranquille, dont

la vie militaire se rattache à tous les souvenirs
de la grande armée, a exécuté, à la tête de sa
compagnie, des actions remarquables qui exigeaient autant de courage que de présence d'esprit. Mais, comme il ne parlait jamais de lui et
qu'il était incapable de desservir personne, il
vit, avec l'imperturbable sang-froid qui ne l'a
jamais abandonné, l'avancement rapide et brillant de ses compagnons, et sans se plaindre à
personne d'un injuste abandon. Il a fallu que
son régiment fût renouvelé plusieurs fois pour
qu'il parvînt au grade de capitaine. Blessé dan-
gereusement sous les yeux de l'empereur, après
avoir exécuté, une charge à la baïonnette avec
sa compagnie, il obtint de ses mains et sur le
champ de bataille, l'étoile de l'honneur. Il reçut
cette récompense, alors si enviée, sans manifester la moindre émotion, à-peu-près comme
il supporta la douloureuse opération chirurgi-
cale à laquelle il fut soumis.

Le capitaine Tranquille était respecté parmi
tous les officiers de son régiment, mais la compagnie qu'il commandait portait loin l'attache-
et le dévoûment à sa personne. Il était moins

pour ses soldats un chef qu'un père attentif et prévenant. Sa bourse était ouverte à tous ceux qui souffraient, car n'éprouvant lui-même que peu de besoins, il se trouvait toujours à l'abri des privations et conservait les moyens d'être utile. Un serrement de main, un coup-d'œil expressif étaient les seuls remercîmens qu'il fallait lui adresser; il n'aimait ni les longues phrases, ni l'expression d'une reconnaissance bruyante. Il n'avait pas besoin d'user de sévérité pour être obéi ; le soldat, qui connaissait son caractère, ne répliquait jamais, car ce qu'il prescrivait était toujours juste et utile. Peu-à-peu toute sa compagnie semblait s'être modelée sur lui, il n'y avait dans ses rangs, ni fanfarons ni ivrognes. Faire partie de la compagnie du capitaine Tranquille, était un titre militaire. La belle tenue de ses grenadiers était remarquée, et leur bonne conduite était dans le régiment un noble sujet d'émulation. Au reste, cette influence d'un seul homme sur un grand nombre d'autres, a été souvent observée, et ce n'est pas ici le lieu d'en expliquer les causes, quoique le grade peu élevé du capitaine prête à cette circonstance un caractère tout spécial.

Il m'a été impossible jusqu'à présent de savoir quel département de la France avait vu naître le capitaine Tranquille. J'aurais pu, jusqu'à un certain point, établir quelques relations entre le climat de son pays et son caractère. Je ne sais pourquoi il en fait un mystère, mais il a toujours soigneusement évité de m'en parler, et sur ma demande directe, il a gardé le silence en souriant toutefois à sa manière. J'ai compris que quelques souvenirs pénibles se rattachaient dans l'esprit du capitaine à ceux qu'il a conservés de sa terre natale, et depuis lors je me suis tenu dans une réserve dont je crois qu'il m'a su gré. Ainsi, malgré le désir que j'aurais de satisfaire à cet égard la curiosité du public, je dois me renfermer dans les observations physiologiques dont il m'a fourni le sujet.

On n'a pas vingt ans, une belle tournure militaire et des traits réguliers à qui la fraîcheur de la jeunesse donne une apparence de beauté, sans que les femmes ne viennent s'emparer d'une partie de notre existence. Et, quand à cet âge on a l'honneur d'être officier de grenadiers, les occasions de donner son cœur, de le reprendre et de le donner encore se présentent en foule. Cependant le capitaine Tranquille, doué de tous ces avantages, avait déjà dépassé depuis plusieurs années l'époque climatérique des passions sans avoir fourni un prétexte à la moindre histoire d'amours. C'était un véritable scandale pour les sous-lieutenans du régiment. On avait d'abord essayé d'en faire un sujet de plaisanterie, mais deux ou trois coups d'épées distribués avec autant de calme que d'adresse, avaient mis fin assez promptement aux propos des railleurs. On avait fini par décider que si c'était du sang qui circulait dans les veines du capitaine, ce sang était d'une nature particulière, dont aucune femme ne parviendrait jamais à faire élever la froide température. On se trompait encore à cet égard.

Durant la célèbre campagne de 1809, en Allemagne, un événement malheureusement trop commun dans les fastes de la guerre, mit le capitaine dans le cas de révéler une de ces facultés énergiques de l'âme qu'on semblait lui refuser. On sait que les marches militaires qui précédèrent la bataille de Wagram, firent peser sur la malheureuse Autriche tous les maux que le fléau des conquêtes et des batailles entraîne après lui. Plusieurs châteaux, dont les propriétaires faisaient remonter leur origine à Witikind, ou plus modestement à Henri-l'Oiseleur furent incendiés. Les demeures du pauvre ne furent pas plus épargnées, et des villages entiers furent livrés au pillage et aux flammes. On dit que les lois infâmes de la guerre autorisaient les vainqueurs à se livrer à de tels excès, et qu'ils étaient justifiés par l'héroïque résistance du peuple. Le peuple, voyez-vous, doit demeurer les bras croisés sur la terre que ses sueurs ont fécondée, quand un ennemi, ivre de carnage et de victoires, vient porter la désolation et la mort dans un pays voué aux colères des rois! cela s'appelle le droit des gens. Horreur! Tant que ma parole pourra se faire entendre, je murmurerai une prière pour ceux qui donnent leur sang à leur pays, et je maudirai comme de vils assassins ceux-là qui les ont frappés. Dans une guerre nationale la gloire est du côté du peuple, qui meurt sur son sol ou qui le délivre de ses oppresseurs.

Je ne sais si ces idées germaient dans le cœur

du capitaine Tranquille, mais en traversant, à l'époque dont nous venons de parler, un·village de la Moravie, qui portait les traces récentes d'une horrible exécution militaire, il donna quelques marques peu ordinaires d'un sentiment d'indignation qui l'emportait sur son flegme habituel. La compagnie qu'il commandait formait l'arrière-garde du corps d'armée à qui le bulletin dut faire honneur de ce noble exploit. Des traîneurs à moitié ivres, des hommes indignes du nom de soldats et de Français, sortaient encore des maisons embrâsées, des décombres fumans, emportant avec une joie féroce les dépouilles des malheureux paysans. Des femmes, des enfans, à genoux sur le pavé sanglant, auprès des cadavres de leurs pères et de leurs époux, imploraient en vain la pitié de leurs cruels vainqueurs. A l'aspect de ce tableau douloureux, une rougeur inaccoutumée colora le front du capitaine; ses dents se serrèrent, et un profond soupir sortit de sa poitrine. Il fit un signe à ses grenadiers, qui se précipitèrent sur les pillards, la baïonnette au bout du fusil, et balayèrent le village en quelques minutes. Il fit faire halte un moment, aida ses braves compagnons à éteindre le feu, tandis que ceux des citoyens qui avaient survécu au massacre creusaient une fosse large et profonde pour rendre à la terre les corps de leurs frères égorgés.

Le village était situé sur une colline dominée par un antique manoir, demeure des anciens seigneurs du pays. Ce monument n'avait point échappé à la fureur du soldat. La fumée sortait encore par ses hautes fenêtres en ogives; le toit embrâsé commençait à s'affaisser avec d'effroyables craquemens. La flamme n'avait pu exercer ses ravages contre les épaisses murailles du château, qui avaient déjà résisté à tant d'orages, depuis les temps anciens où ses maîtres puissans avaient amoncelé leurs masses sur la colline. C'est à l'intérieur seulement que l'incendie avait trouvé des alimens; une fumée noire et épaisse s'exhalait par les meurtrières et les créneaux, et s'échappait en s'infiltrant dans les crevasses que le temps, plus puissant que les flammes et que la main des hommes, avait creusées dans l'épaisseur du monument. Il ne restait ainsi debout que les assises du manoir féodal, semblable alors au cadavre d'un de ces géans célèbres dans les contes du moyen âge , dévoré par le feu du ciel, que la parole de quelque génie malfaisant fait tomber sur lui.

La compagnie de grenadiers devait suivre un chemin pratiqué dans les flancs de la colline , et qui longeait les murailles gothiques du château. Le capitaine s'arrêta un moment, l'épée nue sous le bras, quand, à la tête de sa troupe, il eut gravi la hauteur. Il considérait en silence, et avec sa gravité habituelle, cette scène de désolation, lorsque des cris déchirans se firent entendre à l'intérieur. Il prêta l'oreille, les cris cessaient de temps en temps, comme si la personne qui les faisait entendre eût cédé à la fatigue et à l'épuisement; puis la même voix plaintive et suppliante frappait de nouveau les échos de ce lieu dévasté.

— Halte !... cria le capitaine , d'une voix forte, il y a là un être malheureux qu'il est possible de sauver.

— Mais , capitaine, dit un officier, vous n'y songez pas; vous allez inutilement exposer votre vie.

— Paix! lieutenant ; j'ai songé à tout : voici mon épée; si je ne reviens pas, c'est un souvenir de moi que vous conserverez; vous prendrez le commandement de la compagnie.

Le capitaine s'élança sur le pont-levis à demi brisé, et pénétra dans la cour du château : en face de lui se trouvait une grande porte au seuil de laquelle on parvenait en gravissant un perron demi-circulaire. Il n'hésita pas; mais, arrivé sur la plate-forme, des flammes qui s'élevaient en sifflant par intervalle, lui interdirent l'entrée. En ce moment, les cris redoublèrent : une voix disait en allemand : — A moi! au nom de Dieu! Au secours ! Le capitaine saisit un court instant où la flamme semblait s'éteindre, et il gravit un large escalier formé d'épaisses solives en bois de chêne, qui, à demi-consumées, criaient sous le poids de son corps.

Il avait fallu toute la puissance de la discipline exacte et sévère que le capitaine Tranquille avait établie dans sa compagnie, pour retenir dans leurs rangs la plupart de ses grenadiers. Tous voulaient s'élancer sur ses pas.

La voix du lieutenant, et, plus encore, la crainte
de déplaire à leur capitaine, les maintint dans
le devoir. Mais quand leur intrépide chef eut
disparu, le profond silence qui régna dans les
rangs témoigna du vif intérêt que ses compagnons prenaient à son sort.

Cependant, le capitaine parvenu au premier
étage, se trouva sur un vaste pallier, où venaient aboutir plusieurs corridors qui conduisaient sans doute aux divers appartemens de
cette antique habitation. Il s'arrêta pour respirer; il écouta : la voix ne tarda pas à se faire
entendre de nouveau; elle semblait partir de
l'extrémité de l'un des passages à l'entrée desquels il se trouvait. Alors, il essuya la sueur
qui coulait sur son front, et pénétra ensuite,
avec résolution, dans un couloir étroit et inondé
d'une épaisse fumée qui ne lui permettait pas
de distinguer les objets. Il marcha quelque
temps au hasard, en appuyant ses mains contre
les murailles brûlantes. Enfin, une grande clarté
rougeâtre frappa ses regards : il se trouvait à
l'entrée d'une vaste salle qui, revêtue de boiseries
sculptées, ouvrage de quelque Phidias de la Mo-

ravie au quatorzième siècle, avait fourni à l'incendie un aliment facile. Elle était entièrement
embrâsée, et, à la lueur sombre que les flammes projettaient, il aperçut une femme agenouillée sur la porte d'un autre appartement
qui s'ouvrait sur la salle. Il marche aussitôt
vers elle avec la même intrépidité, la saisit dans
ses bras vigoureux, l'emporte au travers de cet
atmosphère de feu, et revient heureusement
déposer son fardeau sur le gazon, devant le
front de sa compagnie, qui bat des mains, de
joie et d'enthousiasme.

— Ah! c'est une femme! dit-il froidement.
Elle est évanouie! A nous! Jacqueline.

Jacqueline était la vivandière du corps. Comme
c'est l'usage, elle était restée à l'arrière - garde,
et elle suivait la compagnie dans une petite
charrette. Elle accourut aussitôt, et ne trouva
rien de mieux pour rappeler à la vie la jeune
fille, car c'était une jeune et jolie Morave que
le capitaine avait arrachée à une destruction
certaine, que de lui insinuer dans la bouche
un certaine quantité d'eau-de-vie.

— Eh bien ! reprit le capitaine, cela va-t-il mieux ?

— Oui, capitaine, dit Jacqueline, voilà la chaleur qui revient...... son cœur bat..... Oh ! cela ne sera rien Savez-vous que c'est tout de même un beau brin de fille ! Quelle peau blanche ! Voyez donc les beaux cheveux blonds !.... Capitaine, elle est faite au tour, la petite commère !... Voyez....

— Paix !... bavarde !

Il ne fallait rien moins que ces mots prononcés par le capitaine, d'un ton péremptoire, pour que Jacqueline cessât tout-à-coup son examen, qu'elle paraissait disposer à porter un peu loin.

Enfin, la jeune personne reprit ses sens ; ouvrit les yeux, se leva sur son séant, regarda autour d'elle, et, reconnaissant son libérateur, elle vola dans ses bras, en poussant un cri de joie.

— Oh ! lui dit-elle, en allemand, est-ce vous?

C'est bien vous qui m'avez sauvée. Que le Dieu tout-puissant vous bénisse!

— Mais, répondit gravement le capitaine, qu'allez-vous devenir? Où trouverez-vous un asile dans cette malheureuse contrée?

La jeune fille le regarda dans une sorte de ravissement. En entendant cet étranger qui parlait avec facilité sa langue nationale, il lui sembla qu'elle retrouvait tout-à-coup les parens, les amis qu'elle avait perdus. Cependant ses yeux se remplirent de larmes, et elle lui raconta en peu de mots qu'elle était orpheline, qu'elle avait été élevée par la femme du baron dont son père avait été l'homme d'affaires. Elle pensait que la famille du seigneur avait péri dans l'incendie; quant à elle, à l'approche des Français, elle s'était blottie dans une cachette dont elle avait le secret, et lorsqu'elle avait voulu en sortir, elle s'était trouvée au milieu des flammes qui dévoraient l'antique demeure où elle avait passé sa jeunesse.

— Sauvez deux fois la pauvre Ketle, ajouta-t-elle avec naïveté; je n'ai plus que vous sur la

terre ; je m'attache à vos pas ; je ne vous quit-
terai plus : c'est Dieu qui le veut.

— Diable ! murmura le capitaine. Il réfléchit un moment; puis il dit, avec sa gravité
habituelle : Pauvre jeune fille, ce que vous
voulez, je le veux bien ; mais, si vous consentez
à me suivre, savez-vous à quoi vous vous expo-
sez ? Vous passerez pour ma maîtresse... Vous
rougissez : c'est fort . bien ; mais, y consentez-
vous?

Un *Ia* prononcé à voix basse fut toute la réponse qu'il put recueillir. La pauvre fille était
toute tremblante, et une rougeur subite éclaira
son pâle visage.

— Écoutez, Ketle, reprit le capitaine, vous
ne me connaissez pas ; mais je suis un honnête
homme. Vous me suivrez donc, mon enfant ;
et, après la campagne, vous serez ma femme...
Bon ! bon ! point de remercîmens. Vous l'avez
dit : c'est Dieu qui le veut. Garde à vous !....
grenadiers!... Par file à gauche et pas accéléré!... Marche!...

Ketle fut placée dans la voiture, à côté de
Jacqueline, comme cette dernière ne savait de
l'allemand que deux ou trois juremens, le capitaine était bien sûr que sa conversation ne trou-
blerait pas le recueillement dont sa fiancée avait
besoin; nul n'osa faire une observation sur la
conduite du capitaine, tous ceux qui le connaissaient étaient certains qu'elle était inspirée
par d'honorables sentimens. On remarqua cependant que le capitaine était dans une situation d'esprit inaccoutumée, il laissait souvent
passer la compagnie, s'arrêtait un moment devant la voiture de Jacqueline, et reprenait sa
place à la tête de ses grenadiers. Après la campagne, le capitaine tint parole, et Ketle devint
madame Tranquille, en vertu d'un contrat qui
fut honoré de la signature de Sa Majesté l'Empereur et Roi !

Aujourd'hui le capitaine Tranquille est un
homme de cinquante-quatre ans environ, que
sa haute taille fait paraître encore plus sec qu'il
ne l'est en effet; il est du reste vigoureux encore
et bien conservé, sa physionomie, malgré son
immobilité, prévient en sa faveur, on y trouve

le type de la probité uni à celui d'un caractère ferme et élevé. L'honorable capitaine a pris sa retraite en 1815, époque à laquelle se sont trouvées révolues les trente années de service que la patrie exige pour payer le sang et les beaux jours consacrés à sa défense. Il vit depuis ce temps du produit de sa modeste pension et de quelques rentes fruits de ses économies et d'un petit bien que sa chère Ketle a pu recueillir après les événemens de 1814. Ketle est une bonne et simple allemande sous le rapport moral, mais sous le rapport physique, les attraits décrits par Jacqueline ont pris un développement prodigieux qui rappelle un peu l'embonpoint aristocratique de la baronne de Tunder-Ten-Tronk. Aussi lorsque Ketle toujours bonne et, je crois, toujours amoureuse, dispose avec goût les nœuds de la cravate du capitaine, elle donne une idée assez exacte du passage de la lune entre la terre et le soleil, le capitaine que je compare alors à cet astre, se trouve complètement éclipsé durant la conjonction.

J'ai l'honneur d'avoir le capitaine Tranquille pour voisin, mais c'est une circonstance à la fois triste et heureuse qui m'a révélé cette bonne fortune. Le capitaine n'a point de blessures apparentes, et comme disent les bonnes gens, il jouirait d'une parfaite santé si la goutte cruelle et brûlante ne venait de temps en temps troubler le calme et la sérénité de sa vie philosophique et pratique. Or, vous saurez que sans avoir les souvenirs de gloire du capitaine, que sans avoir parcouru l'Italie, l'Égypte, l'Espagne et l'Allemagne en vainqueur ou en vaincu, que sans avoir sauvé Ketle à l'incendie d'un gothique château de la Moravie, je suis soumis par la volonté de Dieu, à cette funeste influence.

Oh! n'apprenez jamais par expérience ce que c'est que la goutte. Je suis surpris que la littérature moderne qui se plaît au milieu des chevalets et des instrumens de torture, qui savoure les crimes aussi bien que les maux de l'humanité, ait oublié jusqu'à ce jour de décrire cette affection si horrible et si romantique. C'est un fer rouge qui s'insinue dans les chairs, qui pénêtre les os; c'est un principe inconnu qui se joue avec la vie et en affaiblit longtemps la source avant de la dessécher; c'est un monstre à l'haleine brûlante, au visage hideux, qui vous enserre dans ses bras de fer, s'assied, se lève et se couche avec vous sur le lit où il se roule, où il savoure vos larmes, où il vit de vos douleurs. La Sainte Inquisition, les tyrans du moyen âge avec leurs cachots et leurs tourmenteurs, n'ont rien créé de plus cruel et de plus implacable.

Un jour donc que le soleil du printemps, comme s'il eut été d'accord avec le monstre, pour augmenter ma peine, versait sur Paris ses vivifiantes clartés, je me traînai avec difficulté sur une petite terrasse commune aux commensaux de la maison que j'habite, afin de saluer le ciel bleu et de respirer l'air pur et bienfesant qui circulait dans l'atmosphère de la grande capitale. Le premier objet qui frappa mes regards, fut un grand homme maigre, en bonnet de coton et appuyé sur deux crosses dont les épais coussins annonçaient un certain raffinement dans l'habitude de s'en servir. C'était le capitaine Tranquille. Il y a une entraînante sympathie dans le malheur ; il est triste de l'avouer, mais l'homme est meilleur quand il souffre, le bonheur le rend insensible et un peu plus égoïste. Bien que le capitaine ne soit pas facilement communicatif, comme c'est un homme bien élevé, et que, quand on joint à cet avantage celui d'avoir la goutte, on est bien aise de trouver à qui confier sa pensée, ne fut-ce que par distraction, nous eumes bientôt fait connaissance, et je fus immédiatement admis à l'honneur de présenter mes hommages à madame Tranquille.

Un illustre et célèbre écrivrain, a dit : le livre, c'est l'homme. J'aime à croire que ces paroles ne sont qu'un brillant paradoxe. Qui reconnaitrait, je vous prie, dans les productions de notre littérature ces jeunes gens aimables et plus légers que tristes et méditatifs qui font gémir la presse française sous le poids des in-8°? il eut donc été plus exact de dire: le coin du feu, c'est l'homme. En effet, il en est peu qui puissent nous tromper dans la vie privée, c'est là que l'homme épanche toute son âme ; cette épreuve est irrésistible, tandis que le talent revêt à son gré mille formes capricieuses et fantastiques, reproductions fidèles d'un mauvais goût plutôt que d'un mauvais cœur.

L'intérieur du capitaine Tranquille que j'examinai, fortement préoccupé de cette idée, ne me trompa ni sur son caractère, ni sur ses opinions, comme j'ai eu depuis le temps de m'en assurer.

Je fus introduit dans une chambre décorée avec simplicité, mais où tout respirait une propreté exquise. Une pendule surmontée d'un buste en bronze de Napoléon, occupait une grande partie du dessus de la cheminée, et se reproduisait dans une glace de dimension moyenne, mais de l'eau la plus pure. A droite, étaient suspendus comme un trophée des épaulettes en laine rouge, un sabre et un fusil de fantassin surmontés du chapeau qui rappelait la coiffure républicaine des héroïques défenseurs de la liberté; à gauche, les épaulettes étaient d'or, l'épée, le hausse-col, étaient surmontés du shako, coiffure militaire plus moderne et plus commode que la première. La tapisserie de la chambre était couverte de tableaux représentant des sujets militaires. Dans l'un des coins de la cheminée, (le capitaine a du feu dans toutes les saisons) est une vaste et commode bergère, moëlleusement rembourée, un petit banc qui supporte plusieurs coussins épais révêtus d'une chemise éblouissante de blancheur, et qui attestent les tristes prévisions d'un goutteux ; à l'autre coin de la cheminée, est un fauteuil d'une capacité remarquable, qui parait comme l'autre meuble, avoir une destination spéciale.

Le capitaine est un homme lettré et d'un esprit orné ; il a vu bien des événemens durant sa carrière militaire, et, sous ce rapport, sa conversation a un charme inexprimable. Ce ne sont pas les grands mouvemens stratégiques, ce n'est pas le désordre des batailles qu'il aime à retracer, ses souvenirs s'arrêtent sur quelques épisodes de cette grande histoire de l'empire. C'est l'homme qu'il a étudié avec soin ; ce sont les malheurs privés qui ont été la conséquence de cet ordre social extraordinaire, qui reviennent avec plus de fidélité dans sa mémoire. Aussi, le coin du feu de mon voisin est-il devenu un des besoins, une des joies de ma vie. Ah ! il fait beau voir l'honorable capitaine enfoncé dans l'édredon de son fauteuil, la jambe tendue sur des coussins, ouvrir le soir, en famille, la source intarissable de ses souvenirs. Comme j'ai le malheur d'écrire autant par nécessité que par goût, et que l'empire a toujours excité mon enthousiasme avec ses fêtes et ses batailles, j'ai jeté sur le papier quelques-uns des récits du capitaine; je me suis hasardé un peu plus tard enfin à le mettre dans la confidence de mes projets : et l'on a vu, au commencement de ce chapitre, quelle a été sa réponse. Je ne me suis point laissé abattre par ce premier échec.

— Mais capitaine, ai-je répondu , si le public aime les contes, pourquoi ne pas lui en faire? Et qui sait si ces souvenirs de l'empire, si près et cependant déjà si loin de nous, n'auront pas pour lui autant d'intérêt que des récits fantastiques où l'imagination emprunte ses inspirations à une société factice. Celle de l'empire vivait encore hier, nous sommes encore fortement imprégnés de son influence. Sous le rapport du merveilleux, dites - moi à quelle époque il y en eut davantage dans les œuvres humaines , et puis savez-vous, capitaine, vous qui parliez toutà-l'heure de l'horreur , comme du ressort principal de la littérature moderne, que la plupart de vos histoires sont tristes et répondent ainsi, jusqu'à un certain point, à ce goût que vous critiquez justement.

— Alte-là, mon voisin, a ajouté le capitaine, il y a une grande différence entre un malheur qui est la conséquence d'un grand événement ou d'un ordre social même, et ces catastrophes repoussantes créées par une imagination en délire. Certainement le malheur paraît être la condition inévitable de l'humanité; mais ce malheur qui peut nous frapper à notre tour, et qui, par conséquent, nous intéresse vivement, ne doit pas être présenté comme un jeu des passions, qui frappe de préférence la probité et la vertu.

— J'adopte, capitaine, avec empressement la distinction philosophique que vous venez d'établir, mais elle me confirme davantage encore dans l'intention où je suis de publier quelques-uns de vos souvenirs. Il sera je crois utile d'établir autrement qu'en théorie, cette distinction qui importe à la morale et à la raison.

— Ketle, un verre d'eau sucrée, dit le capitaine.

C'est là que finit notre discussion. Je me suis
mis aussitôt à l'œuvre, et voici quelques-unes
des confidences amicales du capitaine. Je n'ai
point voulu établir entre les divers récits dont se
compose ce volume un ordre chronologique. J'ai
placé dans une même période du temps de l'empire, des événemens qui appartiennent à plusieurs; celle-ci est indiquée comme la première;
il est possible aussi qu'elle soit la dernière. J'at-
tendrai le jugement du public pour savoir si je
dois demander d'autres inspirations au coin du
feu du capitaine Tranquille.

L'ENFANT DU RÉGIMENT.

La discipline militaire ne se compose que d'attentats odieux aux lois de la nature et à celles de la raison humaine.

UN MORALISTE.

L'Enfant du Régiment.

(1809).

Le canon de Wagram a achevé de dissiper
les illusions de l'Autriche. Dépossédé de sa ville
impériale, le César apostolique fuit la colère
de Napoléon, le César populaire, au travers
des champs désolés de ses états héréditaires. La
Germanie appelerait en vain un autre Hermann
à son secours ; ses braves légions, humiliées de
tant de défaites successives, décimées sur tant
de champs de batailles, ne peuvent plus supporter l'éclat de l'aigle d'or des Français et la
GRANDE-ARMÉE victorieuse, précipitant sa marche vers le nord, salue en passant les champs

d'Austerlitz où la postérité recueillera un de ses plus beaux souvenirs.

Dix-sept années se sont écoulées depuis que l'Allemagne épouvantée des cris audacieux de la liberté française, voulut s'armer contre elle, et jura de l'exterminer. La liberté n'a plus de forum, la voix forte et terrible de ses tribuns ne retentit plus en Europe, et ne va plus remuer dans le cœur des peuples ces sympathies enivrantes dont elle est la source. Mais l'Allemagne guerrière ou philosophe n'a point à revendiquer comme une victoire de ses armes ou de sa haute raison ce résultat inattendu de la révolution. Condamnée à l'héroïsme ou à une mort ignominieuse, la liberté a pris les armes et secondée par l'instinct secret de la guerre qui pousse au milieu des dangers le français avantureux, elle a vaincu les rois qui s'étaient ligués contre elle. Mais la liberté n'a pu résister à l'ivresse de la victoire, elle s'est prostituée au plus glorieux des chefs qui avaient tiré l'épée pour elle. Il était jeune, passionné pour les grandes choses, grave et éloquent dans ses paroles, austère dans sa vie privée. A l'entendre et à le voir quand il franchissait les Alpes, à la tête de trente mille guer-

riers sans vêtemens et sans pain, on aurait dit
que le génie de la république avait façonné sa
grande âme, après avoir imprimé sur son large
front la majesté sévère qui environne, la haute
magistrature des peuples libres. Insensée qu'elle
était !.. cette magistrature n'allait pas à sa taille,
sa tête puissante ne sut jamais se courber même
devant l'autorité sainte des lois, ses regards de
feu embrâsaient le monde, et nul roi sur le
trône où ses pères avaient dormi, ne portait une
cuirasse à l'épreuve de son épée. Cet homme-là
devait commander et régner et la liberté ne lui
résista pas un seul jour, elle dont les premiers
pas avaient ébranlé le monde.

Vainement le conseil aulique, inspiré moins
encore par les intrigues de l'Angleterre, que par
sa haine profonde contre la France, a mis dans
cette longue lutte une résistance qui ressemble à
l'héroïsme. Vainement l'Allemagne docile à la voix
de son empereur, a plusieurs fois voué la fleur
de sa population au sanglant hasard des batailles.
Ses légions dépouillées du prestige de leur antique renommée, ont été refoulées par la baïonnette française, et leur terre natale a été té-

moin plusieurs fois de leur entière défaite. Ses
plus illustres généraux depuis le vieux Beaulieu
jusqu'au magnanime Charles d'Autriche, ont
subi l'influence de Napoléon. Du haut de leurs
murailles crénelées et sur les tours gothiques de
Saint-Stephen, les Viennois confians encore
dans la fortune du Saint-Empire, ont pu voir
s'évanouir leur dernière espérance dans les vastes
plaines de Wagram, avec la fumée de mille bou-
ches à feu qui ont vomi pendant trois jours le
désespoir et la mort dans les rangs des deux braves armées. C'en est fait, noble Teutonia, il faut
subir la loi d'un nouveau Germanicus ; et, pour
qu'aucune mère ne puisse demander compte à
son empereur du sang de ses enfans, le César apostolique fera lui-même à son heureux vainqueur,
un sacrifice douloureux au cœur d'un père.

Un jour peut-être je raconterai cette grande
journée du 6 juillet 1809. Je décrirai ces combats de géans d'Essling et d'Enzersdorf, et
les dangers qui environnèrent nos braves dans
l'île Lobau, quand les flots irrités du Danube
semblaient s'unir avec la tempête pour lutter
contre les aigles de Napoléon. Maintenant, je

veux vous dire l'histoire d'un vieux soldat qu'un
de ses compagnons m'a racontée les larmes aux
yeux, quoi qu'il eût assisté à bien des batailles
et qu'il eût été témoin des spectacles les plus
douloureux que puisse offrir la fureur sacrilége
des hommes.

L'armée française s'était arrêtée tout-à-coup
à Znaïm. Son avant-garde immortelle était com-
mandée par Masséna, dont Napoléon venait encore de voiler davantage la gloire républicaine,
sous le titre de prince d'Essling, que sa haute
bravoure et ses talens militaires avaient conquis
dans cette sanglante journée. Davoust, dont
une sévérité cruelle ne pouvait faire oublier l'é-
clatant courage, occupait le cercle de Brunn ;
Marmont était à Kornnenberg, et Oudinot, qui
avait hérité le titre national de Latour-d'Auvergne, était à Spitz. L'armée d'Italie, placée sous
les ordres du prince Eugène, le favori du soldat
qui semblait gagner des batailles pour lui plaire,
occupait avec Gratz et Presbourg, tout le ver-
sant occidental de la Hongrie. La vieille-garde
campait à Schœnbrunn, et tout l'empire se
trouvait ainsi dans les mains de Napoléon.

Schœnbrunn renferme aujourd'hui de grands souvenirs pour les Français. Quelle voix prophétique eût osé s'élever en 1809, pour dire aux hommes que dans cette maison impériale, que le triomphateur de l'Europe habitait en passant, on verrait un jour se flétrir la jeunesse de son fils, de son fils, qui aurait eu pour mère une femme de la fière maison de Habsbourg? Qui aurait pu dire alors que cet enfant-roi, dont la naissance devait être saluée par les acclamations de tant de peuples, mourrait dans cet endroit où son père avait si longtemps parlé en maître, victime d'une lâche politique et dévoré par la fièvre brûlante des souvenirs et des espérances déçues?..

A environ deux milles des lignes fortifiées de la ville impériale, la grande Marie-Thérèse fit construire, en 1754, une maison de campagne peu remarquable par son étendue et l'élégance architecturale de ses formes, mais dans une situation ravissante, au milieu de collines boisées et pittoresques, sillonnées par de belles eaux. C'est à cette dernière circonstance que Schœnbrunn doit son nom. On dit que Marie-Thérèse

au milieu des malheurs que lui suscita l'ambition de ses voisins, aimait à jouir de la solitude
et de la fraîcheur des bois. Elle venait souvent
s'asseoir sur les pierres couvertes de mousses ver-
doyantes qui environnaient une fontaine dont les
eaux fraîches et limpides formaient en se perdant
parmi les genièvres et les fougères, un ruisseau
harmonieux. C'est là que l'illustre fille de
Charles VI, venait mûrir ses grands desseins
dans le silence et la méditation, c'est là qu'elle
accepta les généreuses inspirations qui la firent
saluer ROI par le plus belliqueux des peuples (1).
Elle n'oublia pas, quand la victoire eut couronné ses généreux efforts et assuré le sceptre
impérial à François de Lorraine, la douce solitude de *Belle-Fontaine*. Elle fit élever le palais,
tracer les jardins délicieux et fermer le parc qui
forment aujourd'hui la résidence royale où le
jeune Napoléon est mort prisonnier de la diplomatie Européenne.

Un pont dont les abords sont ornés de sphinx
sculptés en pierrre est jeté sur la petite rivière

____

(1) On connait la devise inscrite sur les drapeaux
Hongrois : *Moriamur pro Maria Theresa Rege nostro.*

de la Wienn qui donne son nom à la métropole de l'Autriche, c'est par là qu'en sortant de cette ville, on arrive à Schœnbrunn. Une belle grille aux deux côtés de laquelle s'élèvent deux obélisques surmontés d'aigles dorés, ferme l'entrée du palais où l'on parvient au travers d'une vaste cour carrée. Deux bassins décorés de statues en marbre et placés parallèlement à peu de distance du palais, rompent d'une manière heureuse la symétrie un peu froide de cette enceinte.

Les Français, pendant le séjour que Napoléon fit à Schœnbrunn, après l'armistice de Znaïm, avaient établi un corps-de-garde auprès de l'un des obélisques dont nous venons de parler. C'était le 26 juillet, jour où la nouvelle de cette convention, qui semblait annoncer une paix prochaine, parvint à cette résidence et circula parmi les troupes qui l'occupaient. Elle produisit une profonde sensation, et les soldats français, ceux de la vieille-garde surtout, si dévoués à leur chef, craignirent que l'empereur, encore une fois trop magnanime envers des ennemis irréconciliables, ne stipulât point le prix

du sang de tant de braves et ne profitât pas assez
des avantages que lui donnait la victoire.

C'est sous ce point de vue que le lieutenant
des chasseurs de la garde, qui commandait ce
jour là le poste de service à l'obélisque de
Schœnbrunn, paraissait envisager la nouvelle
qui formait le sujet de l'entretien des soldats.
A cette époque où la France, haletante de
gloire, à demi-épuisée par ses succès achetés
au prix du sang de ses plus braves enfans,
semblait oublier la légitimité des droits politiques qu'elle avait conquis en 1789; à cette
époque où nul dans cette France qui paraissait
si grande et si puissante n'aurait osé élever la
voix contre les actes de l'empereur ; la liberté
comme dans le temps où les échaffauds l'exi-
laient du forum, semblait s'être réfugiée dans
les camps. Le soldat de la vieille-garde qui se
souvenait encore de son origine républicaine,
avait conservé le droit de manifester sa mauvaise humeur. Plus d'une fois, il avait donné
personnellement à l'empereur de rudes conseils
exprimés dans un langage qui aurait fait évanouir de crainte les plus austères sénateurs.

Napoléon écoutait avec impassibilité les plaintes de ses compagnons, puis il souriait, tirait la moustache de l'orateur qui allait se faire tuer le lendemain en criant : vive l'empereur !

Le lieutenant, les bras croisés sur sa poitrine, se promenait à grands pas dans le corps-de-garde. C'était encore un très-jeune homme, et l'on ne pouvait s'expliquer le rang qu'il occupait dans la vieille-garde, sans connaître son aventureuse histoire. Il n'était pas d'une taille élevée, mais la vigueur et l'énergie de ses formes paraissaient devoir suppléer en lui à cet avantage naturel qui plaît tant à l'orgueil militaire. Ses traits hâlés par le soleil et la fatigue avaient néanmoins conservé cette mâle beauté que l'imagination suppose aux héros antiques et que l'Europe a pu admirer dans nos soldats de la révolution et de l'empire. Cependant il y avait dans les regards du lieutenant et surtout dans le sourire qui soulevait souvent sa noire moustache, quelque chose de dédaigneux qui contrastait avec cette espèce de candeur austère qu'on voyait empreinte sur le visage des vieux soldats au milieu desquels il se trouvait. Au reste, ce jeune officier était remarquable par sa belle tenue et sa démarche imposante , il portait avec une noble dignité l'étoile de l'honneur qui faisait ressortir l'éclat du parement blanc de son glorieux uniforme.

Il y avait dans le corps-de-garde un autre personnage non moins remarquable que le lieutenant, c'était le sergent du poste. Trois chevrons d'or placés horizontalement sur sa manche au-dessus du galon qui indiquait son grade , attestaient ses vieux services. Mais comme si ce signe distinctif n'avait pas suffi , à côté de sa croix d'honneur était posé sur sa poitrine un médaillon ovale dans lequel étaient ciselées deux épées en sautoir , seule récompense qui jadis honora le courage des soldats de l'ancienne armée française. Les favoris et les moustaches du sergent commençaient à grisonner , il y avait de la bonhomie dans les traits mâles et bronzés de son visage austère, et, malgré les larges boucles en argent suspendues à ses oreilles, la physionomie de ce digne représentant de notre ancienne gloire, était éminemment militaire et inspirait une sorte d'intérêt et de

4

respect, que ses braves camarades paraissaient accorder moins à son grade peu élevé, qu'à sa personne même. Le vétéran roulait gravement dans ses mains des feuilles de tabac dont il se préparait à faire usage, en les triturant dans sa bouche, comme une dose d'opium, et de temps en temps il jetait sur le jeune lieutenant un regard indéfinissable d'intérêt et de mécontentement.

— Cependant, lieutenant Maurice, dit-il après avoir laissé un moment sans réponse une objection du jeune officier, l'empereur sait bien ce qu'il fait et s'il a signé la paix, c'est qu'il faut toujours finir par là. Plus tard, s'il est besoin de recommencer, eh bien ! en avant deux ! la vieille-garde est toujours là.

— Oh ! vous ne me comprenez pas, sergent, répliqua brusquement le jeune homme, avec un accent saccadé qui annonçait une vive émotion ; la paix ! la paix ! quand l'armée a perdu ses plus braves généraux ! quand nous sommes les maîtres de l'Autriche ! la paix nous rendrait-elle Lannes et Lasalle ?. .

— Sans compter les milliers de braves dont on ne sait pas les noms, ajouta le sergent d'un ton grave; respect à leur mémoire, ils sont morts en soldats. C'est la loi de la guerre, mon lieutenant, et d'un chef de file qui est au-dessus des hommes, même de sa majesté l'empereur. Après tout, vous êtes jeune encore et vous pouvez attendre, mais il y en a qui ont payé leur dette et qui ne seront pas fâchés de retourner à la parade aux Tuileries. N'est-ce pas, mes cadets?

Le lieutenant haussa les épaules et quelques murmures en sens divers accueillirent la proposition du sergent.

— Voilà mon idée, dit le caporal, je suis pour le lieutenant. L'empereur est bon sur le champ de bataille, c'est connu, mais après le canon, c'est autre chose; les ambassadeurs viennent en bataillons carrés, les mauvaises troupes! comme dit l'autre. On dit ci et ça à l'empereur, nous fesons demi-tour à droite, et l'empereur est enfoncé? n'est-ce pas la chose telle quelle, mon lieutenant?

— A peu près, répondit l'officier en souriant

. —Ah! dame! continua le caporal, je ne suis pas un savant, mais comme dit l'autre, on connaît un peu les couleurs.

—C'est vrai, reprit le sergent, tu parles comme un sénateur, mais si tu étais à la place de l'empereur, tu ferais une drôle de mine. Nous autres, nous aimons la guerre, ça va sans dire, mais croyez-vous que le citoyen de France n'ait pas assez lu de bulletins? oh que si ma foi! l'on peut en croire un ancien comme Jean Rigault, sergent aux chasseurs de la vieille-garde...

— Portez armes! présentez armes! dit en riant un soldat.

— Allez votre train, mes lapins, continua le sergent, ce que je vous dis est la vérité, nous sommes vainqueurs, c'est vrai, mais à la guerre c'est chacun son tour, et de victoire en victoire il y aura bien des braves gens qui manqueront à l'appel. La France trouvera des conscrits, des bons garçons, mais ça ne sera plus la même chose ; tenez, j'en connais qui font un embarras de tambour-maître, et qui ne seraient pas fâchés de retourner en France, à Paris, pour être estimés de leurs concitoyens et faire la cour aux bonnes d'enfans de la petite provence. Accroche en passant.

Cette saillie du vieux soldat mit les rieurs de son côté, le lieutenant lui-même ne put s'empêcher de prendre part à l'hilarité générale et le digne caporal, comme s'il eut voulu détourner l'application, se mit à siffler l'air du pas redoublé en promenant ses regards sur le plafond du corps-de-garde.

— Une lettre pour monsieur le lieutenant Maurice ! dit en entrant dans le corps-de-garde, le sous-officier *vaguemestre* du bataillon.

— Et quel ami se souvient de moi, s'écria le jeune homme en prenant avec promptitude la lettre qu'on lui présentait. Mais il n'eut pas plutôt jeté les yeux sur le timbre qui indiquait le pays d'où elle était partie, qu'il rougit, balbutia quelques mots qu'on n'entendit pas, brisa le cachet et parcourut avec avidité les lignes qui lui étaient adressées. Le vieux sergent l'observait avec une attention qui cependant annonçait de sa part un intérêt plus vif que celui de la curiosité.

—De Madrid, mon lieutenant, répliqua le vaguemestre, aux premiers mots que le jeune homme avait prononcés... bien du plaisir.

—Hé bien, lui dit le sergent, que dit-on à l'état-major ?

—La France, mon ancien, on ne parle que de la paix, on s'embrasse, il pleut des comtes, des barons et des grands rubans rouges. Il paraît que ça va bien, l'empereur va passer la garde en revue et les allouettes vont nous tomber du ciel toutes rôties. Adieu ! mes anciens, je vais chez le grand maréchal.

—Bien des choses de notre part, sergent, dit un chasseur, et il n'y a point de lettres pour nous?

—Pas ce courrier-ci, les bonnes amies vous croient tous morts à Wagram. Vengez-vous sur les Viennoises, mes enfans... A - propos de ça, une bonne farce à vous raconter : Le caporal Kramm, l'alsacien de la troisième compagnie, épouse sa baronne. Parole d'honneur! l'empereur a dit qu'il serait baron. Au fait, nous sommes du bois dont on les tourne.

Dans ce moment on entendit dans le lointain un bruit de tambours, et le lieutenant interrompit la lecture de la lettre, pour prêter l'oreille.

— Ce n'est rien, dit le sergent Rigault, c'est le tambour du poste du parc qui bat aux champs; l'empereur se promène.

— Nous n'aurons bientôt que cela à faire, répondit le lieutenant d'un ton railleur. Cela va vous faire plaisir, Rigault, à l'avenir nous ferons la guerre comme du temps du maréchal de Saxe, nous prendrons nos quartiers d'hiver, et l'on ne se battra que quand il fera beau, de peur que la pluie ne rouille les bassinets.

— Si c'est à moi, lieutenant Maurice, répliqua le sergent avec gravité, que vous adressez cette plaisanterie, vous avez tort, je me suis battu malgré la pluie et malgré la neige, je me suis battu avant que vous ne fussiez au monde. Quant au maréchal de Saxe dont vous parlez, je ne l'ai point connu. J'ai entendu dire que c'était un homme de cœur, un général qui a conduit les Français à la victoire; et cela me suffit pour respecter sa mémoire.

— Allez-vous vous fâcher pour quelques mots, que vous appelez vous-même une plaisanterie, M. Rigault? répliqua l'officier du ton froid d'un supérieur.

— Et quand cela serait, M. Maurice, reprit le sergent, j'en aurais le droit. Malheur à celui qui croit que l'épaulette est plus respectable que des cheveux blancs.

— Vous avez pris souvent avec moi, dit le jeune homme rouge de colère, un ton qui ne me convient pas, sergent Rigault; que ce soit la dernière fois.

— Orgueilleux! murmura le vieux soldat à voix basse; puis il ajouta d'une voix ferme : Je suis bien aise, lieutenant, que vous ayez de la mémoire, je suis né dans les gardes-françaises, ajouta-t-il; j'étais sergent à la prise de la Bastille, je suis encore sergent. J'ai des camarades qui sont maréchaux et qui l'oublient souvent pour me toucher la main. Vous êtes né dans le même régiment que moi, lieutenánt; vous êtes, comme moi, un enfant de troupe; je vous ai vu naître, je vous ai appris à lire.

— Paix! une fois pour toutes, sergent, s'écria le jeune officier, avec impétuosité.

— Connu ! dit à voix basse le caporal en faisant signe de la main au sergent de garder le silence.

—Aux armes ! l'empereur ! s'écria le factionnaire.

— Vois-tu, Boudet, ajouta le sergent avec tristesse à l'oreille du caporal, je l'aime cet enfant, je l'aime de tout mon cœur; mais il est trop fier, et cela me fait mal. Ah! si tu savais... Les soldats qui occupaient le poste se rangèrent en bataille, *devant les armes*, pour parler le langage technique de la théorie militaire, l'empereur passait à cheval accompagné de quelques grands-officiers de l'armée. Il s'arrêta, mit pied à terre, et se promena les mains derrière le dos devant le front du peloton.

— Lieutenant, dit-il, faites mettre l'arme au bras.

— Cet ordre fut aussitôt exécuté.

— De quoi ris-tu, sous les armes et devant moi, dit Napoléon à un chasseur qu'il saisit familièrement par ses favoris?

— Je ris, mon empereur, dit le chasseur, parce que je suis content, et que vous avez envie de dire quelque chose à vos anciens, voilà mon idée.

Napoléon sourit et continua sa revue improvisée : honneur qu'il faisait souvent à sa vieille-garde.

— Voilà un bien jeune officier, ajouta-t-il en s'arrêtant devant le lieutenant; combien d'années de service?

— Vingt-trois, sire.

— Et quel âge?

Vingt-cinq ans.

— Décoré à quelle affaire ?

— A Wagram, sire.

— Ah ! je me rappelle en effet, reprit Napoléon, vous êtes enfant de troupe et les campagnes vous comptent double. C'est très-bien, c'est admirable ! Duroc, voilà un garçon qui ira loin ; il a grandi sous le drapeau, il a vu le feu de bonne heure. Adieu, jeune homme, vous êtes à une bonne école.

— Sans vous compter, majesté, dit le sergent en présentant les armes.

— Ah ! te voilà aussi, mon vieux... comment donc ?

— Jean Rigault, majesté. Nous avons fait connaissance au siége de St.-Jean-d'Acre.

— C'est vrai, c'est vrai, dit l'empereur avec une satisfaction qui éclata dans ses nobles traits. Il faisait plus chaud qu'à Schœnbrunn, n'est-ce pas ? Hé bien, que dit-on de la paix ? Mes braves sont-ils contents de revoir la France ?

— Ma foi, majesté, ça dépend des goûts ; les uns disent oui, les autres disent non. Tâchez toujours, majesté, que l'empereur d'Autriche ne vous fasse plus la queue.

—La paix est nécessaire, continua Napoléon, une paix glorieuse et qui sera profitable à la France. Il est temps, mes amis, que nous nous reposions tous. Quant à toi, mon vieux, n'as-tu besoin de rien, ne veux-tu rien me demander?

—Rien du tout, majesté, que votre amitié, si j'en étais capable. Plus tard un boulet de canon ou une place aux Invalides, voilà tout ce que j'espère.

— Le plus tard possible, répliqua l'empereur en montant à cheval; au revoir, mes amis.

—Vive l'empereur !.. Le tambour battait aux champs et des flots de poussière ne tardèrent pas à dérober aux regards de ses braves, qui le suivaient dans l'espace, l'empereur Napoléon et sa brillante escorte.

Cet incident sembla devoir calmer un orage, dont les soldats du poste de l'obélisque n'avaient pas vu sans douleur briller les premiers éclairs. On ne s'entretint durant plusieurs instans, que de cette visite de l'empereur, qui aimait à se faire simple soldat, pour connaître les besoins et les vœux de ses compagnons, même sur les opérations les plus importantes qu'il méditait. La brusque franchise et la familiarité naïve de ces braves ne lui déplaisaient pas, l'empereur ne paraissait jamais s'apercevoir des expressions impropres ou inconvenantes qui échappaient quelquefois à ceux qui lui adressaient la parole, et il souffrait encore moins qu'elles fussent un sujet de plaisanteries dans son intérieur ou à la cour. Il savait qu'il était aimé et respecté dans son armée, et qu'un court entretien avec lui faisait époque dans la vie d'un soldat; d'ailleurs il semblait un moment élever jusqu'à lui ceux dont il recherchait ainsi les communications familières, et il ne voulait pas que rien de ce qui venait de lui, ou se rattachait à lui pût être considéré sous un point de vue peu favorable à la dignité impériale. Au reste, la plupart des grands officiers de l'empire avaient porté le fusil et étaient sortis des derniers rangs de la société. Sans doute leur courage et leur mérite militaire les avaient rendus dignes des hautes distinctions que Napoléon créa si malheureusement pour eux; mais quand la France eut été vaincue, quand leur bienfaiteur fut proscrit, le monde qui avait admiré leur gloire, a vu qu'il manquait à ces hommes cette haute moralité que l'éducation peut seule donner.

La présence inattendue de l'empereur avait, comme on vient de le dire, produit une heureuse diversion dans l'intérieur du corps-de-garde et rien n'annonçait plus qu'une querelle, dont les suites ne pouvaient qu'être funestes, avait été sur le point d'éclater, entre le jeune officier et le vieux sergent. Ces deux hommes étaient également aimés dans le corps d'élite dont ils faisaient partie. Le lieutenant Maurice, jeune homme vaillant et intrépide, qui, dès sa plus tendre enfance, avait accompagné sur tous les champs de bataille la glorieuse armée française ; qui, suivant l'expression pittoresque de l'empereur, avait grandi sous le drapeau, mé-

ritait sous tous les rapports la considération
dont il jouissait parmi les chefs de ce corps célèbre et parmi ses compagnons d'armes. Fruit
de quelques amours de caserne, Maurice n'a-
vait jamais connu ceux à qui il devait le jour.
Une femme, la bonne Madeleine, cantinière
bien connue de toute la garde impériale et qui
était morte récemment durant la campagne
d'Espagne, paraissait avoir pris soin de sa première enfance; il avait à peine sept ans, que
fifre dans la demi-brigade à laquelle Madeleine
s'était attachée, il avait été placé par elle sous
la protection immédiate du sergent Rigault,
ancienne connaissance dont la cantinière avait
suivi la destinée militaire depuis la suppression
des gardes françaises. Maurice, d'après la force
et l'intelligence que l'âge développait en lui,
avait été successivement fifre, tambour, musi-
cien, soldat, secrétaire du capitaine d'habille-
ment, fourrier et sergent-major.

Il y avait entre le jeune Maurice et l'austère
vétéran dont il était le pupille, une étrange conformité d'origine. Comme il le racontait lui-
même, avec une sorte de fierté aristocratique,

il était né dans les gardes-françaises et n'avait jamais mieux connu que le lieutenant, le grenadier et la blanchisseuse du bataillon qui lui avaient fait présent de la vie. Cependant le nom de Rigault, qu'il portait uniquement par droit de conquête, ayant été celui du maître d'armes de ce corps respectable, qui l'avait jadis honoré de son amitié, on pouvait naturellement supposer que ce personnage important n'avait point été étranger à sa naissance.

Quoi qu'il en soit, on pensait généralement dans la garde que ces circonstances avaient dû contribuer beaucoup à intéresser le sergent au sort du petit Maurice; il exerça longtemps sur lui une autorité despotique et incontestée. C'était lui qui le conduisait à la salle de police, ou lui allongeait les oreilles, suivant la nature du délit dont l'enfant s'était rendu coupable. Si le délit était d'origine militaire, c'est-à-dire si Maurice avait caché la canne à pomme d'argent du tambour-major, s'il avait joué à la fossette les boutons de son uniforme, s'il avait oublié de saluer un caporal; malgré les prières et les instances de la bonne Madeleine, il était impitoya-

blement conduit par l'inflexible sergent à la salle
de police où il apprenait à jurer et à se griser
avec les meilleurs sujets du régiment. Si au contraire le délit tenait davantage à l'ordre civil ,
c'est-à-dire si Maurice s'était battu avec des *pe-
tits bourgeois*, et surtout s'il avait eu le dessous
dans la lutte ; s'il avait cassé des vitres à quelques citoyens paisibles , et si sans la permission
du propriétaire, il avait cueilli des fruits avant
leur maturité, la correction devenait manuelle et
les oreilles du coupable étaient la partie sur laquelle s'exerçait de préférence la justice distri-
butive du sergent.

Certes! les vieux soldats sont bons à leur manière, ils ont de la franchise, de l'abandon, de la
générosité même ; mais ces excellentes qualités
ne sont pas dépouillées chez eux des préjugés
attachés à la rigoureuse obséquiosité des devoirs militaires. Cette habitude de l'obéissance
passive , cette monotonie continuelle d'une
vie dont tous les accidens sont pour ainsi dire
prévus par la discipline, réglés par la subor-
dination, doivent finir par dénaturer leur caractère primitif, en leur donnant une sorte d'exis-

tence artificielle qui cesse d'être en harmonie avec la vie sociale. On ne retrouve plus en eux cette spontanéité de l'âme, cette liberté d'enthousiasme ou de raison qui est le plus noble privilége de l'humanité. Tout chez eux est réglé et classé dans un ordre théorique, dont le pouvoir abrutissant s'étend à l'existence tout entière. Ils attachent une haute importance aux plus minces détails de leur vie mécanique et regardent comme des fautes irrémissibles les plus légères infractions aux coutumes tyranniques sous lesquelles il sont courbés.

Qu'un jour un de ces hommes, braves, dévoués, mais dégradés par ce régime monstrueux, s'abandonne malgré lui aux élans de son âme et reprenne un moment sa dignité longtemps avilie, alors des lois abominables, des lois de sang et de despotisme disposent brutalement de sa vie, et il trouvera d'insensibles bourreaux parmi ses plus chers compagnons? On dit que cette brutalité stupide est nécessaire pour conserver dans les armées ce qu'on appelle le bon ordre. Hé bien, c'est que cet ordre prétendu est contraire aux droits des sociétés, c'est

que cet ordre n'est qu'un abus monstrueux dont
il faut se hâter de délivrer le monde. Si jusqu'à-
présent aucune voix ne s'est élevée dans le sanc-
tuaire des lois en faveur du soldat, esclave infortuné que le despotisme flatte lâchement en le
maintenant dans ses chaînes pesantes ; c'est que
jusqu'à présent c'est par la force matérielle que
la liberté a voulu établir ses droits. Mais quand
la raison humaine, s'expliquant dans le langage d'une philosophie élevée, s'emparera à
son tour des tribunes législatives, de semblables
atrocités ne souilleront plus les codes militaires
des nations civilisées !

On conçoit facilement combien dut être dure
et gênante pour Maurice la tutelle du vieux sergent. Blanchi sous le joug des idées, dont nous
avons plutôt adouci qu'exagéré la despotique
influence, le sévère Rigault, cependant bon,
serviable et généreux, ne savait pas pardonner
des infractions à la discipline. Durant quarante
ans il avait été, sous ce rapport, un exemple
pour les corps dans lesquels il avait servi. Jamais
il n'avait subi la plus mince punition, jamais
la voix grondeuse d'un chef, toujours mécon-

tent, toujours exigeant, ne s'était élevée contre lui pour lui adresser un reproche. Aussi comme il était fier de ses chevrons et de la virginité de son nom sur les contrôles du bataillon!

Maurice ne conserva donc de son enfance que des souvenirs amers, et ce ne fut pas de la reconnaissance qu'il garda dans son cœur pour celui qui cependant croyait en avoir fait un officier distingué et un soldat intrépide. Tant qu'il demeura dans les grades inférieurs, le sergent Rigault ne lui ménagea ni les conseils, ni les réprimandes : il les supportait avec peine, avec impatience, mais courbé malgré lui sous le joug de l'habitude, son indignation n'était pas assez puissante pour en briser violemment les liens. Cependant une circonstance bien naturelle dans la vie d'un jeune homme, détermina en Espagne le premier mouvement formel d'opposition qu'il osa manifester contre l'inexplicable autorité du sergent.

Les Français venaient d'entrer à Madrid à la suite de la célèbre insurrection de cette ville. Malgré la sévérité de cette discipline, impuissante toujours à calmer l'effervescence du soldat vainqueur, un effroyable désordre régnait dans cette noble et malheureuse cité. Le peuple exaspéré ne cédait qu'à la force et protestait par de sombres murmures contre la violation manifeste de ses droits et de son territoire, et surtout contre la trahison odieuse envers ses princes légitimes qui souillait la gloire de Napoléon. Oh! cette guerre d'Espagne est un triste souvenir pour les cœurs patriotes; leur vive sympathie pour l'armée française les abandonne durant cette sanglante et criminelle campagne. Peut-être que dans les secrets desseins de la justice divine, les batailles de la Bérésina et de Waterloo ne furent que des expiations de cet attentat contre la majesté des peuples. Il fut du moins le crime de Napoléon tout seul, ce fut lui qui le médita et le mit à exécution. La postérité, étonnée de sa gloire et de ses malheurs, admirera son génie, pleurera sur ses revers, mais elle ne lui pardonnera point cette inconcevable entreprise. Cette tache est peut-être la seule qui restera ineffaçable dans cette grande vie, la seule qui obscurcira les rayons de cet astre majestueux.

Le jeune Maurice n'était alors que sergent-major ; comme la plus grande partie de ses compagnons d'armes, étranger aux plus simples notions du droit des gens, il était plutôt disposé à considérer comme des brigands, indignes de pardon, les braves Espagnols qui défendaient leur patrie outragée, qu'à admirer leur courage et leur dévouement. Il conduisait un détachement de sa compagnie dans un quartier de la ville qui avait été désigné comme servant d'asile à un grand nombre de mécontens, lorsqu'un coup de feu qui blessa légèrement un chasseur, partit des fenêtres d'un hôtel dont la magnificence et l'étendue annonçaient la demeure d'un grand. Le peuple applaudit à cette attaque imprudente, et en peu d'instans un feu terrible couvrit la rue de cadavres et ensanglanta le pavé. La colère des soldats était extrême : quelques-uns d'entre eux pénètrent dans l'hôtel et en sortent bientôt après, conduisant au milieu d'eux un jeune homme de seize ans qu'ils croyaient être l'auteur de la provocation dont les suites avaient déjà été si cruelles. Ils juraient de le fusiller dans la cour de l'hôtel, et dans leur aveugle emportement ils accablaient cet enfant des traitemens les plus rigoureux. Le jeune Es-

pagnol, calme au milieu de cet affreux danger,
insensible à ces outrages, semblait encore braver,
par son dédaigneux silence, les soldats maîtres
de sa vie. On le fit agenouiller au milieu de la
cour, il tira un crucifix de son sein, le baisa
plusieurs fois, regarda le ciel et attendit la mort
avec la sainte résignation d'un martyr.

Tout-à-coup une jeune fille, grande, élancée,
mais pâle, échevelée, inspirée par l'énergie de
la douleur et du désespoir, vient se jeter entre
la victime et les bourreaux.

— Grâce! grâce! s'écrie-t-elle, Français, ne
tuez pas cet enfant, il est innocent..... Arrêtez,
c'est mon frère, mon Pédro, il est innocent, je
l'atteste devant Dieu!

Ses bras s'enlacent autour du jeune homme,
elle s'empare de lui comme d'un trésor qu'on
voulait lui ravir; en vain le jeune homme la
conjure de s'éloigner, cette voix chérie ne va
plus à son cœur dans ce moment suprème,
elle prie, elle conjure les soldats, elle pleure,
elle sourit à son frère, elle veut mourir avec

lui. Les soldats émus relèvent leurs armes, leur colère ne va pas jusqu'à accomplir ce sanglant sacrifice. Maurice, qui commandait le peloton, s'approche du groupe désolé, il fait signe à ses camarades d'attendre un moment, et, saisissant la jeune fille par sa taille svelte et gracieuse, il tente quelques efforts pour la séparer de son frère. La belle Espagnole se retourne et jete sur Maurice un regard doux et touchant.

—Oh! lui dit-elle d'une voix dont l'accent le fit tressaillir, seras-tu insensible? Jeune comme tu l'es, voudrais-tu faire couler le sang d'un enfant? Il est innocent, je te le jure. Soldats français, votre empereur, tout injuste qu'il est, ne peut vous prescrire de telles violences contre les Espagnols.

—Un de nos camarades a été blessé, dit Maurice d'une voix sombre et en baissant les yeux, tandis que sa main tremblante abandonnait la taille de la courageuse jeune fille.

—Et c'est pour cela que tu veux son sang, dit-elle; ne t'ai-je pas déjà assuré qu'il était innocent? Prends pitié de lui , de sa jeunesse, de mes larmes. Pardonne et j'aimerai Napoléon , je le bénirai, je prierai pour lui Dieu et Notre-Dame d'Atocha. Oh! jeune homme, tu dois être bon ; il y a des pleurs dans tes yeux.

— Cependant , camarades , s'écria Maurice avec émotion, si ce garçon est innocent !...

Aucune réponse ne se fit entendre. Le soldat français n'est pas longtemps cruel; dans les circonstances les plus graves, et lors même que son exaspération paraît justifiée, son caractère naturellement doux et bienveillant l'emporte facilement sur le délire aveugle de l'homme de guerre. Cette jeune fille était si belle, elle s'exprimait en français avec tant de facilité, avec une grâce si touchante, malgré son accent étranger, qu'elle ébranla la résolution de ces soldats irrités. Maurice qui crut voir dans le silence de ses compagnons, l'approbation de sa conduite, se rapprocha d'elle..... Il était ému, agité, et cependant il n'avait jamais donné à personne le doux nom de frère, et il ne devait pas comprendre toute la beauté du dévouement de la jeune Espagnole.

— Eh bien ! mademoiselle, lui dit - il avec douceur, mais d'une voix légèrement tremblante, emmenez votre frère, nous ne voulons plus lui faire aucun mal, c'est à vous qu'il doit la vie.

L'Espagnole ne répondit pas, elle saisit précipitamment la main de Maurice, la plaça sur son cœur et s'éloigna rapidement avec son frère étonné, mais qui ne paraissait pas plus heureux de ce dénouement inopiné qu'il n'avait été épouvanté de la catastrophe qui l'avait menacé. Un profond silence continuait à régner parmi les compagnons de Maurice, on aurait dit que chacun d'eux éprouvait les mêmes sentimens que lui, mais cet incident devait avoir d'autres suites pour l'Enfant du régiment. Il consulta machinalement son ordre de marche et découvrit avec une secrète joie que cet hôtel même était le poste qu'on lui avait indiqué.

Maurice fut accueilli avec empressement par le noble Espagnol qui était le maître de cet hôtel, et qui depuis a été récompensé par l'exil et une condamnation infamante de son dévouement à la cause de Ferdinand VII. La haine d'un Castillan ne sommeille jamais, son affection est également vive et sincère, et Maurice n'eût qu'à se louer du noble Hidalgo dont il avait épargné l'enfant bien aimé. Il est maintenant inutile de dire que Dona Augusta, la belle jeune fille dont l'héroïsme avait sauvé les jours d'un frère, ne fut point étrangère au charme que Maurice trouva dans cet intérieur dont les mœurs étaient si nouvelles pour lui. Il avait ignoré jusqu'alors la douceur et le charme des affections de famille, nulle femme ne l'avait jamais appelé : Mon fils ! Les caresses de Madeleine se mêlaient toujours dans son souvenir à quelques sévérités qu'il avait trouvé injustes. Il n'avait jamais senti battre son cœur le pauvre jeune homme, car familiarisé dès l'enfance avec les dangers comme avec les privations, il n'éprouvait pas même un jour de bataille cette agitation intérieure, ces alternatives de joie et de douleur, qui, loin d'annoncer dans un jeune soldat un manque de courage, sont au contraire des signes certains d'une bravoure intelligente. Est-ce donc la valeur que cette insensibilité brutale qu'on admire beaucoup trop dans des hommes qui donnent la mort ou qui la reçoivent comme d'autres hommes feraient une action insignifiante. Des raisons politiques ont pu déterminer Napoléon à couvrir de broderies et d'ordres les héros de cette trempe; mais il ne pouvait les estimer, et la société qui les honore aujourd'hui se trompe, ou est injuste envers les bouchers. Homère a fait pleurer Achille.

Il y avait dans l'âme du jeune Maurice de nobles sentimens, que les circonstances de sa vie avaient pour ainsi dire étouffés, ou qui du moins n'avaient jamais eu l'occasion de se développer. Quelques doux entretiens intimes avec Dona Augusta lui révélèrent cette vie de tendresse et d'illusion, sans laquelle l'homme, comme un arbre privé de verdure et de fleurs, ne trouve sur la terre qu'un long et pénible hiver que ne vient point animer le souffle fécond de la nature, que n'égaient jamais les rayons d'un soleil de printemps. Sous le beau climat de l'Espagne, à cette heure où un vent frais et parfumé fait oublier les inconvéniens de son climat brûlant, Maurice descendait dans le parc qui avoisinait l'hôtel, et Augusta, vive, légère, accourait auprès de lui, avec un doux sourire sur les lèvres. Elle était d'une ravissante beauté, sa taille andalouse si bien dessinée par l'élégante mantille nationale, ses longs cheveux noirs comme le jais, dont les perles rangées avec art ornaient son corsage en velours, tombaient par boucles onduleuses sur ses épaules et sur son sein dont ils faisaient ressortir l'éclatante blancheur ; ses yeux vifs et mouillés, dont l'éclat était augmenté par les deux arcs d'ébène qui les surmontaient, enfin, sa voix harmonieuse, tout en elle rappelait ces créations fantastiques dont les vieux poètes ont peuplé les paysages odorans de la belle Hespérie.

Le jeune Maurice s'abandonna sans réserve, avec une âme neuve, énergique, passionnée, aux séductions enivrantes d'un premier amour. Pour la première fois il s'aperçut de l'isolement dans lequel il avait vécu, et sans qu'il éprouvât moins d'affection pour l'aigle de son régiment, il comprit qu'il existait pour l'homme de plus douces espérances que celles qui bercent au bivouac les rêves d'un soldat. Son amour fut partagé. Le cœur de Maurice n'avait point été corrompu par l'exemple des débauches et des orgies de la soldatesque, car, dans les plus braves armées, il y a aussi un peuple et une populace. Que cette heureuse circonstance eût été le résultat d'une disposition naturelle ou celui de la répulsion qu'il dut éprouver de bonne heure pour la société des hommes parmi lesquels il ne trouvait pas cet appui tutélaire et bienveillant que réclame notre débile enfance, il est du moins certain qu'elle servit son amour et l'environna de tous les charmes de la virginité.

Dona Augusta, passionnée comme une Espagnole, mais pure comme les anges, n'était guères plus instruite que Maurice dans la connaissance des préjugés ou plutôt des lois morales de la société. Elle trouva seulement étrange qu'un jeune homme aussi beau et aussi brave que son Maurice adoré, ne pût pas nommer ses parens. Mais son amant, dont l'intelligence se développait graduellement, comprit que, dans la situation où il se trouvait, il ne pouvait aspirer à la main d'Augusta et que pour l'obtenir, à défaut d'un nom qui satisfît l'orgueil d'un Hidalgo, il devait acquérir par lui-même une position supérieure qui fit oublier son origine.

Ces préoccupations durent nécessairement influer sur le caractère du jeune homme. Ses camarades ne tardèrent pas à s'apercevoir du motif qui l'éloignait d'eux, quoiqu'il ne négligeât aucun de ses devoirs militaires. Le sergent Rigault fut un des premiers à lire dans le cœur de son élève, et une circonstance douloureuse et toute récente, donnait quelqu'autorité aux reproches qu'il lui adressa, sans aucun ménagement, avec l'âpre dureté d'un vieux soldat, que la vie agitée des camps avait rendu étranger à de tendres affections, qu'il regardait au reste comme une faiblesse digne d'un profond mépris. Sur la route d'Aranjuez à Madrid, un convoi français avait été surpris par les patriotes espagnols, et la sainteté de leur cause est loin d'excuser les actes d'atroces cruautés qu'ils commirent dans trop de circonstances semblables. Si l'insurrection du peuple espagnol fut légitime, ce qu'un aveugle esprit de parti et de nationalisme peut seul nier; les moyens qu'elle employa si souvent pour le triomphe de sa juste cause, font horreur à l'humanité et rappellent malheureusement les barbaries abominables des soldats de Pizarre et de Fernand-Cortez. La pauvre Made-

leine faisait partie de ce convoi, elle fut impi-
toyablement massacrée avec tous les Français
malades ou blessés qui tombèrent entre les mains
des patriotes.....

Le cœur de l'homme renferme des mystères
inexplicables, le sergent Rigault aimait sans
doute le jeune Maurice autant que le brave
homme était susceptible d'aimer, mais il ne
voyait pas, sans une sorte de dépit secret, son
avancement dans la garde. Comme tous les vieil-
lards, il trouvait que tout dégénérait et qu'un
si jeune homme, trop heureux d'être admis à
porter l'uniforme de la garde impériale, ne devait pas commander à de vieilles moustaches. Ses
reproches se ressentirent donc de l'amertume de
ces considérations, quand il accusa Maurice du
crime d'aimer une Espagnole, une compatriote
des assassins de Madeleine. Le jeune homme ne
put cette fois supporter une contradiction qui
attaquait un sentiment beaucoup plus puissant
sur son âme que l'autorité du vétéran ne l'avait
jamais été. Une révolution subite s'opéra en lui
et il déclara d'un ton péremptoire au sergent,
qu'il eût à l'avenir à ne se mêler en rien de ses

conduite. Cette explication fut violente, mais la
décision et la fermeté du jeune homme ne faillirent pas, et dès ce moment l'intimité forcée qui
avait régné entre ces deux hommes fut brisée
pour jamais.

Cette brusque transition d'une obéissance
jusqu'alors, sinon volontaire, du moins apparente, à une rupture aussi formelle, plongea
le vétéran dans l'étonnement et la douleur. Il
demeura consterné de cet événement inexplicable pour lui. Durant plusieurs jours, il oublia même l'unique plaisir qu'il se permit en
diversion avec ses habitudes militaires, il ne con-
somma pas la moindre partie de sa provision de
tabac; il demeura insensible aux consolations et
aux saillies grivoises de ses camarades, et lorsque Maurice passait près de lui, ou lui trans-
mettait des ordres de service, il le regardait avec
une émotion difficile à caractériser, et ne trouvait pas une parole pour lui répondre.

Une circonstance heureuse pour le jeune
Maurice ne tarda pas à sourire à son espérance
et à lui faire entrevoir la possibilité d'obtenir de

son union avec Augusta tout le bonheur que leur amour leur promettait; il fut promu au grade de sous - lieutenant. Le sergent Rigault n'apprit pas cette nouvelle faveur qui comblait de joie son élève, sans manifester sa mauvaise humeur contre l'abus révoltant que commettait l'empereur, en récompensant le mérite qui n'avait pas vieilli dans les grades inférieurs. Mais enfin son attachement réel pour Maurice et son vieux respect pour la discipline lui firent peu à peu oublier ce nouveau motif de regret pour les anciennes coutumes militaires. Il aurait d'autant plus voulu alors se rapprocher de Maurice que la guerre, qui venait d'éclater dans le Nord, forçant Napoléon à tirer d'Espagne l'élite de son armée, le funeste amour qui avait amené leur mésintelligence allait se trouver naturellement rompu. Le vieux soldat était dans l'erreur, Maurice ne revint pas à lui. Il était entré dans une vie nouvelle, et sa promotion au grade de lieutenant, qui eut lieu au commencement de la campagne d'Autriche, ne fut pas un événement qui pût le rappeler à la soumission envers le sergent Rigault, désormais son subordonné. Telle était la situation réciproque de ces deux personnages quelques semaines après la bataille de Wagram, où Maurice fut décoré par l'empereur et à l'époque où nous avons placé la première scène de ce drame militaire.

Le lieutenant Maurice avait donc de bonnes raisons pour regarder comme une fâcheuse nouvelle l'annonce d'une paix qui devait éloigner le terme de son bonheur, en lui enlevant les occasions du rapide avancement, que l'ambition d'accord avec son amour lui faisait vivement désirer. Tel a été le sens des paroles du digne caporal Boudet de qui je tiens ces détails et ceux qui vont suivre, quand il parvint à cette partie de son récit. Ce fut en 1815, lors du retour de l'île d'Elbe, où le caporal Boudet avait suivi son empereur malheureux, que j'eus l'honneur de faire sa connaissance. J'ignore si ce brave a succombé à Waterloo avec le plus grand nombre de ses héroïques camarades, mais j'espère que non, et si ces lignes tombent par hasard sous ses yeux, je désire qu'il y trouve avec une tradition fidèle des souvenirs militaires qu'il voulut bien me confier, l'expression des sentimens d'admiration et de profonde estime que

je conserverai toujours pour lui et pour ses illustres frères d'armes.

Il est temps de rentrer dans le corps-de-garde
de l'obélisque, au château de Schœnbrunn.

Le soleil ne jetait plus que de pâles clartés sur
la cîme des arbres du parc, et le long crépuscule d'été allait remplacer son éclatante lumière.
Une brise fraîche et légère qui s'élevait des bords
du Danube, venait rendre aux soldats de la
France, sous un ciel étranger, quelque chose de
leur belle patrie. Rien ne rappelait plus dans
l'intérieur du corps-de-garde l'orage de la mati-
née, et, malgré les préoccupations du jeune lieutenant, il avait même échangé quelques paroles
plus bienveillantes avec le sergent, lorsque l'entretien des chasseurs ; dont l'empereur était
encore le sujet ; fut interrompu par une voix
féminine qui répondait par un éclat de rire au
sévère *on ne passe pas*, de la sentinelle.

Tous les soldats du poste sortirent en ce moment du corps-de-garde, et vinrent s'établir dehors, avec les bancs qu'ils y transportèrent, au-

tant par curiosité que pour jouir de la fraîcheur
du soir. C'était mademoiselle Suzanne, la fille
légitime du vaguemestre, majeure depuis plusieurs années, et successeur immédiat de Madeleine, en qualité de cantinière du bataillon, qui
était l'auteur de cette incartade. Cette héroïne de
la Grande-Armée, qui, dans plus d'une occasion, avait déployé autant de courage et de
présence d'esprit qu'aurait pu le faire le plus
brave soldat de la vieille-garde, ne ressemblait
point à la vivandière en tablier rose, à l'œil vif,
à la peau de satin qu'on nous montre sur nos
théâtres. C'était une gaillarde vigoureusement
constituée, d'environ cinq pieds deux pouces,
à la voix de basse-taille, au teint bronzé, à la
bouche vermeille, dont la lèvre supérieure était
garnie d'un duvet un peu rude et tirant sur le
noir. Elle portait des bottes de cavalier, une capote de fantassin, malgré une température de
vingt-cinq dégrés au-dessus de zéro ; elle était
coiffée d'un chapeau rond en feutre, et ne se gê-
nait pas pour appliquer un soufflet au guerrier
assez téméraire pour porter une main profane
sur la partie la plus exhubérante de ses attraits.
Telle était l'aimable personne qui fut accueillie

par tous les soldats du poste avec des marques non équivoques de satisfaction.

— Eh ! bien , mes anciens , dit-elle en les voyant accourir, comment trouvez-vous cette sentinelle perdue qui voulait m'empêcher d'entrer au corps-de-garde ? Mais c'était pour rire , n'est-ce pas, mon vieux Colibri ? Je t'en fiche que la consigne soit pour Suzanne Rouget.

— C'était peut-être pour avoir le plaisir de converser un petit moment avec vous, chaste Suzanne ; histoire de plaisanter comme Mars et la Vénus de Médicis, dit le tambour en se balançant sur ses hanches, et en passant la main galamment dans ses cheveux roux et crêpus.

— Merci, Fifi, reprit l'amazone. Puisque vous voilà, mes anciens, je n'aurai pas besoin de vous laisser ma carte de visite, ne prend-t-on rien aujourd'hui ? N'y a-t-il pas au fond de la giberne quelques vieux kreutzers de la campagne d'Austerlitz ? De l'eau-de-vie de France, pas une goutte d'eau du Danube, ça ne ressemble pas au schnick des Autrichiens. Du schnick pour la vieille-garde, le plus souvent!.... Ah! ajouta-t-elle en apercevant le sergent, vous voilà, mon vieux Bellerose, mon plus ancien amoureux.... Gare que je passe.

— Bonjour, Suzanne, dit le vétéran en laissant échapper un gros rire qui se communiqua à tous les témoins de cette scène bizarre, viens ici ma fille, n'écoute pas les mauvaises langues.

— Bah! répliqua-t-elle, quand on n'a rien à faire dire dessus son corps, on peut aller à toutes les parades. A droite et à gauche, ouvrez les rangs, les anciens, ne m'avez-vous pas entendue?

A ces mots, elle rompit le cercle qui s'était formé autour d'elle, alla s'asseoir auprès du sergent, distribua quelques verres d'eau-de-vie, dont elle lui offrit les prémices, elle avala le dernier, fit sa recette, et frappa sur l'épaule du vétéran, en murmurant le refrain d'une *romance*, dans laquelle quelque poète du régiment avait chanté les chagrins de l'absence.

— Très-bien, ma colombe, dit Rigault, en

l'interrompant, toi qui aimes assez à répéter ce que tu entends dire, as-tu appris quelque chose de nouveau ?

— Tiens, s'écria-t-elle, ce vieux pigeon qui m'appelle sa colombe? Ne vous fâchez pas, sergent Rigault, je vous respecte, foi de Suzanne, aussi vrai que je suis une honnête fille. On dit par-ci par-là que cette paix dont on parle n'est pas encore signée, et que le brutal pourrait bien parler de nouveau dans quelques jours. Un moment, ne m'interrompez pas. On dit aussi autre chose ; mais, par exemple, ça n'est pas régalant, on dit que nous retournons en Espagne... Allez donc vous laver dans le Mançanarès, où il n'y a point d'eau !

— En vérité, Suzanne, ne vous trompez-vous pas ? Parle-t-on en effet de notre retour en Espagne, s'écria le lieutenant Maurice, qui, depuis quelques instans, se promenait devant le corps-de-garde en sens inverse du factionnaire, et que la nouvelle annoncée par la vivandière tira tout-à-coup de sa rêverie.

— Oui, beau lieutenant, reprit Suzanne, ça

peut donc vous intéresser..... Ah ! c'est vrai, j'oubliais. Nous avons laissé des amours à Madrid, et un peu soignés ! comme ça se pousse les enfans de giberne ! Tenez, mon lieutenant, je vous conseille, d'oublier votre Castillane, avec sa taille de guêpe et son teint de corbeau, parce que j'ai dans l'idée que vous épouserez un jour une princesse. Ça vous fait rire, vous autres ?

— Je vous conseille, Suzanne, répondit le lieutenant, dont la rougeur subite annonça l'indignation, je vous conseille de choisir un autre sujet de plaisanteries que mes affaires personnelles.

— Comme vous voudrez, lieutenant ; mais vous ne m'auriez pas parlé ainsi dans le temps où je vous aidais à voler les pommes de Marguerite.

— Paix, la belle ! dit le prudent Boudet ; quand on met le doigt dans la marmite des chefs, on se brûle toujours.

— Merci, caporal ; mais Suzanne Rouget a une bonne langue dans sa bouche, c'est pour s'en servir. Tiens ! prenez-donc garde à cette pyramide d'Égypte, n'avez-vous pas peur qu'elle vous tombe sur la tête?

Cette saillie excita la gaîté des soldats ; mais le lieutenant qui s'était éloigné, après avoir adressé à Suzanne sa sévère réponse, n'entendit pas ce dernier propos.

—Vous ne dites rien de tout cela, mon vieux Bellerose, reprit-elle en s'adressant au sergent, qui, depuis un moment, paraissait livré à une rêverie triste et sombre. Je vois bien que vous m'êtes infidèle, et que vous pensez encore à Madeleine.

—C'est vrai, Suzanne, je ne m'en défends pas; j'y penserai tant que mon vieux sang circulera dans mes veines. Maudite soit toujours la campagne d'Espagne où la pauvre femme a été tuée par les brigands. Je ne suis pas de ceux qui aiment ce chien de pays, où le soldat se cache derrière les buissons comme un voleur de grand chemin... Tenez, ne parlons pas de cela.

—Je conçois l'apologe et vous *la* concevez aussi, vous autres, reprit Suzanne, en cherchant des yeux le lieutenant, qui, pâle, debout, et les bras croisés sur la poitrine, avait écouté les dernières paroles du sergent. Mais loin d'être embarrassée de cette découverte, elle jeta sur lui un regard hardi, et elle ajouta : Madeleine était une bonne femme, mais elle a fait des ingrats dans le bataillon.

— Oui, Suzanne, oui, répondit le sergent, avec effusion, vous pouvez dire qu'elle était bonne. Il y avait quelqu'un dans le bataillon qu'elle aimait tendrement, la pauvre femme ! Je lui disais, Madeleine, ce garçon te fera de la peine; il est orgueilleux comme un aide-de-camp et tu es trop faible pour lui. Mais bah ! c'était parler à la grosse caisse du régiment, elle l'aimait, et cela répondait à tout. Ah ! c'était sage et honnête, ça vous avait le cœur sur la main et quoique vous soyez bien aimable aussi, Suzanne, je suis fâché de vous le dire, mais je ne puis vous voir sans éprouver une drôle de chose dans le cœur, c'est comme un coup que je reçois, et je crois revoir encore ma pauvre Madeleine; mais nous ne nous reverrons plus ni au bivouac, ni à la caserne.

— Vous n'étiez pas avec elle, père Bellerose, quand ce malheur lui est arrivé?

— Tu le vois bien, Suzanne, puisque je suis encore en vie. La pauvre vieille était restée à Burgos avec les équipages. Bien qu'elle fut courageuse et intrépide comme qui dirait un de nous autres, elle commençait à ressentir le poids des années, elle n'était plus si vive, si avenante qu'autrefois, au contraire, elle avait des rhumatismes et c'est moi, il y a de quoi se brûler la cervelle en y songeant, oui ce fut moi qui l'engageai à demeurer à Burgos pour se reposer. Le convoi que Madeleine suivit quelques jours après pour venir nous rejoindre à Madrid, n'était accompagné que par quelques *clampins* de gendarmes; on ne se doutait pas de ce qui est arrivé. Voilà la chose, c'est un chasseur de la cinquième compagnie, qui était blessé et qui a été sauvé du massacre en se couchant à plat-ventre dans les genets, qui m'a raconté les détails. Le convoi n'était pas à une lieue d'Aranjuez que des coups de sifflet partirent des bois d'oliviers qui bordent la route. Le chasseur qui était un vieux troupier, soupçonna quelque

chose, il le dit au brigadier de gendarmerie,
mais l'animal féroce ne l'écouta pas. Alors le
chasseur descendit de voiture et entra dans les
champs pour faire une reconnaissance. Tout-à-
coup voilà une décharge presqu'à bout portant
qui se fait entendre et qui couche à terre les six
gendarmes. Le chasseur ne fait ni une ni deux, il
se blottit dans les genets. Comme je vous l'ai déjà
dit, il n'y avait sur les voitures que des femmes
et des blessés. Ma pauvre Madeleine qui avait
été en Italie, qui avait vu dans le Tyrol des atta-
ques de ce genre, ne perdait jamais la tête. Elle
sauta sur le cheval d'un gendarme et tira des
fontes les deux pistolets, bien déterminée à
vendre cher sa vie si elle ne pouvait se sauver.
Une nuée de bandits paraît aussitôt sur la
route et se jette sur le convoi en criant, les infâmes gredins : *Muerte! muerte! a los traditores,
muerte a los cavachos !* Un bandit arrête par la
bride le cheval de Marguerite, elle lui fait sau-
ter la cervelle et elle décharge l'autre sur la
troupe qui se jette sur elle. Ces scélérats d'Espagnols égorgèrent tout ce qu'ils trouvèrent dans
les voitures, et la pauvre Marguerite, qui s'était
défendue, fut assassinée en détail. Ils lui cou-

pèrent les doigts pour lui ôter ses bagues, il y en avait une que je lui avais donnée en 1780. Ils lui crevèrent les yeux, lui arrachèrent la langue, enfin le chef des brigands lui trancha la tête. Le chasseur qui voyait commettre ces horreurs ne pouvait rien pour les venger, il mangeait la terre de rage....

Le vieux sergent se tut tout-à-coup, il paraissait accablé de ces tristes souvenirs, et quoique ses yeux n'eussent point de larmes pour eux, on lisait sa douleur dans ses traits abattus.

— Pauvre Madeleine ! Oh ! les chiens d'Espagnols, s'écria Suzanne. Si l'empereur ne fait par brûler cette fourmillère d'assassins, il ne méritera pas le nom de Grand.

— L'Espagnol est un vilain peuple, dit le caporal Boudet, et si nous retournons chez eux, il faut qu'ils s'en souviennent longtemps. Autant de moines que j'attrape, autant d'embrochés au bout de ma baïonnette.

—Tas de gredins ! dirent à la fois plusieurs soldats, gare la revanche.

— Et cela n'empêche pas, mes vieux, reprit le sergent d'un ton de voix triste et sévère, cela n'empêchera pas que des officiers n'aillent faire les beaux auprès des Espagnoles. Oui, il y en a qui iront baiser des mains toutes rouges de notre sang. Oh! lieutenant, vous avez beau me regarder avec colère, il faut que je dise ce que j'ai sur le cœur.

— Dites tout ce qui vous plaira, s'écria le jeune homme en faisant de la main droite un geste menaçant; mais gardez-vous de mêler mon nom à vos contes ridicules.

— Oh! vous appelez cela des contes, quoique ce soient des choses racontées par Jean Rigault, qui n'a jamais menti, entendez-vous lieutenant, vous appelez cela des contes, parce que vous voudriez éviter les reproches de votre conscience.

— Pour la dernière fois, sergent, je vous ordonne de vous taire, dit l'impétueux jeune homme.

— Vous m'ordonnez de me taire, dit le sergent avec une sorte de contraction nerveuse, vous !... Mais quel est votre droit, ceci ne tient pas au service pour lequel je vous obéis puisqu'il le faut !

— Je vous ferai connaître mon droit, sergent, et puisque mes avis bienveillans ne peuvent rien sur vous, en descendant la garde vous vous rendrez pour huit jours à la salle de police.

Ces paroles excitèrent parmi les soldats une pénible sensation qui se manifesta par des murmures, et cette scène dont les diverses circonstances se passaient avec une étrange rapidité, attira tellement l'attention des spectateurs, qu'on n'entendit pas la voix de la sentinelle qui cria à diverses reprises : — Aux armes ! ronde d'officier-général !

— A la salle de police ! dit le malheureux Rigault, qui se leva pâle de colère et d'indignation. Y pensez-vous, jeune homme, à la salle de police, moi qui n'ai jamais été puni.

— Vous le serez certainement cette fois,

répondit brusquement le lieutenant, et si vous ajoutez un seul mot, je vous y fais conduire à l'instant même.

—Misérable enfant! Blanc-bec ! dit le sergent.

A ces mots le bouillant jeune homme tira son épée et se précipita sur le vétéran qui l'attendit de pied ferme, et lui donna en lui arrachant son épée qu'il brisa sur son genou, un rude coup dans la poitrine qui le jeta à la renverse. Cette grave infraction à la discipline, considérée dans son code barbare comme un crime irrémissible, eut pour témoin un officier-général qui fit aussitôt désarmer le sergent, et il était dans un cachot des prisons de Vienne, quand le lieutenant reprit ses sens et put entrevoir la gravité des conséquences de la lutte malheureuse, que sa susceptibilité de jeune homme n'avait que trop contribué à faire éclater. . .

. . . .

C'était un événement inóuï dans les fastes de la vieille-garde qu'un acte d'insubordination semblable à celui dont le sergent Rigault allait répondre devant un conseil de guerre immé-

7

diatement assemblé. Les soldats qui en avaient été témoins paraissaient disposés, tout en blâmant la conduite du vétéran, à accuser le jeune lieutenant d'une promptitude impardonnable et surtout d'une sévérité inusitée dans ce corps d'élite, où il régnait entre les officiers et les soldats une sorte de fraternité militaire, qui sans nuire à la discipline, permettait une familiarité que l'Empereur lui-même ne trouvait pas déplacée. Mais la présence du général et la situation de l'armée sur un territoire étranger et pour ainsi dire la présence de l'ennemi, dictèrent aux chefs du régiment de chasseurs de la garde une conduite conforme aux rigoureuses prescriptions des lois militaires.

Le vétéran comparut devant le conseil le lendemain même de cette affaire. Il conservait ce sang-froid et cette assurance qu'il montrait sur le champ de bataille, mais ce n'était pas là cette audace insolente qu'on a souvent observée chez quelques criminels, qui jusqu'au dernier moment semblent braver la justice des hommes, parce qu'ils ne croyent pas à celle de Dieu qui les attend au-delà du tombeau. Cependant cette sécurité du vétéran ne s'expliquait pas par l'ignorance où il était de son sort, il le connaissait d'avance, et il savait qu'on serait et même qu'on devait être d'autant plus impitoyable pour lui, que son vieux respect pour la discipline et son expérience le rendaient moins excusable. Mais la vie de ce vieillard était désenchantée, il en était las, et il le disait lui-même à ceux de ses compagnons qui étaient venus en foule lui apporter dans son cachot des consolations et de l'eau-de-vie qu'il avait également refusées.

— Ce n'était pas ainsi que j'aurais voulu mourir, c'était sur le champ de bataille, en vrai soldat de la France ; mais ce qui est fait est fait, c'est de votre main que je mourrai, mes camarades, et la mort me paraîtra douce. Vous me parlez de me défendre ?... Et pourquoi donc ? Mes cheveux sont gris, mes vieilles jambes commencent à plier sous le poids d'un corps meurtri par les blessures... Oh ! je le pourrais sans doute, je n'aurais qu'un mot à dire, mais ce mot ne sortira pas de ma bouche.

Ces mystérieuses assurances avaient circulé

dans le corps où la conduite inexplicable du
vétéran avait produit la plus profonde sensation, et les officiers qui devaient le juger, s'at-
tendaient de sa part à quelque révélation qui
put désarmer la loi impitoyable dont ils devaient
être les organes.

La déposition du jeune lieutenant fut telle
qu'on l'attendait de lui, il s'attribua tous les
torts dans cette déplorable rixe, et pria le conseil
de lui pardonner le ton sévère et méprisant avec
lequel il avait adressé la parole à un vieux soldat, plein d'honneur et de courage. Il ajouta
enfin, mais avec une expression indéfinissable
de douleur et de fierté humiliée, que les relations
intimes qui avaient longtemps existées entre le
sergent et lui, avaient pu jusqu'à un certain
point l'autoriser à lui répondre avec moins de déférence que son grade ne l'exigeait. Le malheureux jeune homme était ému et troublé, et c'é-
tait lui qui paraissait être le véritable accusé. Mais
interrogé à son tour, Jean Rigault déclara qu'entraîné par une coupable susceptibilité, il avait
d'abord insulté son lieutenant et ensuite porté
les mains sur lui, et qu'enfin un vieux soldat tel

qu'il s'honorait de l'être, préférait la mort à une grâce qui le ferait rougir pendant le peu de temps, qu'après tout, il avait à passer sur la terre.

— Mais enfin, Rigault, dit le colonel du régiment qui présidait le conseil, il y a dans toute cette affaire quelque chose de singulier et que seul vous pouvez nous expliquer.

— Vous le voyez, ajouta un officier, vos juges sont vos amis, vos compagnons d'armes, et ils seraient heureux de vous conserver à un corps dont vous avez toujours été l'exemple et l'orgueil.

— Je vous remercie, mon colonel, dit le sergent avec émotion et en posant le revers de sa main sur le haut de son front, je vous remercie de ce que voulez bien me dire. Mais s'il y a un secret dans mon cœur, il doit y rester parce qu'il ne m'appartient pas, je ne veux pas conserver la vie au prix de l'honneur. Et sur ce, mon colonel, ajouta-t-il d'un ton de voix moins ferme, je demande pardon à mon régiment et à vous tous, mes braves officiers, du scandale que j'ai causé et du mauvais exemple que j'ai donné. J'ai été faible un moment, cela n'est que trop vrai, mais quand mes camarades se souviendront de moi, ils se rappelleront aussi que j'ai servi plus de quarante ans sans mériter aucune réprimande.

Tous ces vieux guerriers étaient profondément émus et incertains, le sergent Rigault eut dans le sein même du conseil de nombreux et zélés défenseurs, quelques voix se prononcèrent en sa faveur, mais l'inflexible voix de la discipline et de la loi l'emporta sur elles. Après moins d'un quart-d'heure de délibération, le greffier du conseil, en présence de la garde assemblée sous les armes, lut au vétéran l'arrêt qui le condamnait à mort, et attendu que l'armée était considérée, malgré l'armistice, comme étant en présence de l'ennemi, il le prévint que cet arrêt allait recevoir immédiatement son exécution.

L'Empereur travaillait avec son chef d'état-major Berthier et le grand maréchal Duroc, dans cet appartement de Schœnbrunn où vingt-cinq ans après son fils a rendu à Dieu une âme triste et qui ne trouvait pas de place sur la terre. Un aide-de-camp annonça le colonel des chasseurs à pied de la garde.

— Que voulez-vous, colonel, dit Napoléon, sans cesser de parcourir diverses cartes étalées devant lui?

Le colonel raconta en peu de mots à l'Empereur les événemens que nous avons rapportés et la condamnation à mort qui en avait été la suite. Napoléon cessa tout-à-coup de travailler. Il jeta son regard d'aigle sur le colonel et se fit répéter deux fois ce récit avec toutes les circonstances qui s'y rattachaient. Il en parut péniblement affecté, et frappant avec vivacité sur la table devant laquelle il était assis :

— Dans ma garde, dit-il; un vieux soldat que j'aimais, que j'estimais... cela n'est pas possible, vous ne me dites pas tout, colonel.

— Je ne cache rien à Votre Majesté, répliqua le colonel, et si je n'avais présidé le conseil qui a dû condamner Jean Rigault, je ne pourrais croire à la réalité des faits qui ont motivé cette condamnation. Sans doute, Sire, il existe entre ce vieux militaire et le jeune lieutenant qu'il a offensé grièvement, un secret dont la découverte rendrait la conduite du condamné moins coupable, mais il s'est obstiné à garder le silence.

— Puis-je faire grâce, colonel? dites-moi oui, je serai satisfait de conserver les jours d'un de mes plus anciens et de mes plus braves soldats.

— Sire, je suis venu trouver Votre Majesté avec l'intention de solliciter sa clémence en faveur d'un brave homme, généralement estimé dans le corps que j'ai l'honneur de commander. Mais tout dans cette fâcheuse affaire semble marqué au coin d'une fatalité cruelle. La condamnation de Rigault, dont les soldats ne sont peut-être pas à même d'apprécier la rigoureuse justice, a excité parmi eux une fermentation dangereuse. Ils déclarent ouvertement qu'ils se refuseront à exécuter le jugement du conseil.

— Cela est grave, dit Napoléon avec tristesse,

mes soldats se croiront tout permis, et la vie d'un homme quelque regrettable qu'elle soit, ne saurait être mise en balance avec la discipline de mon armée. Qu'on ne me parle plus de cette affaire, elle m'afflige. Colonel, faites votre devoir.

Le colonel s'éloigna et Napoléon continua à dicter au prince de Wagram la dépêche dont la rédaction avait été interrompue par cet incident. Mais de temps en temps, et pendant qu'il disposait peut-être du sort de l'Allemagne, le malheur d'un de ses soldats ne lui était pas indifférent, car il s'arrêtait tout-à-coup, froissait avec découragement les papiers qu'il parcourait et disait à voix basse : Impossible.

Tandis que le colonel donnait les ordres nécessaires pour assurer l'exécution de l'arrêt du conseil, et qu'on tirait au sort dans la compagnie, dont le vétéran avait fait partie, les noms de ceux qui devaient accomplir ce douloureux sacrifice, la victime, calme et résignée, faisait ses dernières dispositions avec autant de sang-froid que s'il se fut agi d'une revue ou de tout autre devoir militaire. Il écrivit une courte lettre , et demanda à voir le lieutenant Maurice. Le jeune homme se rendit immédiatement à cette invitation. Il était pâle et troublé , et les soldats, qui environnaient le sergent, s'éloignèrent respectueusement. On entendait dans le lointain le roulement du tambour.

—Approchez donc, lieutenant, dit le vétéran avec fermeté , êtes-vous toujours en colère contre moi ? Entre militaires , dans un moment comme celui-ci, on ne se souvient que de l'amitié qu'on a eue l'un pour l'autre.

— Pouvez-vous me juger assez mal, Rigault, s'écria le jeune homme, pour croire que j'aye quelque ressentiment de ce qui s'est passé entre nous. Croyez-moi, je donnerais ma vie à l'instant même pour que ce cruel événement ne fut pas arrivé.

— C'est inutile, mon lieutenant, car je vais donner la mienne , et cela suffit à la loi.

— Oh ! je suis plus malheureux et plus à plaindre que vous.

— Je suis content de vous voir dans ces bons sentimens pour moi, et je vous remercie, lieutenant, de vous être rendu à mes désirs. Allons, donnez-moi votre main.

Le jeune homme serra dans ses mains brûlantes, avec une expression d'intérêt et de douleur, la main du vieux soldat. Un moment de silence suivit ce mouvement d'expansion.

— En avant, reprit le sergent, il ne s'agit pas de pleurer comme des femmes, ce qui est fait est fait. Nous sommes soldats après tout, et nous avons vu des affaires plus chaudes que celles-là. Maintenant que je suis réconcilié avec mon lieutenant, j'espère que le petit Maurice m'écoutera avec attention. Un moment, jeune homme, ne m'interrompez pas, je n'ai pas de temps à perdre. J'ai un secret à vous confier. J'avais juré à quelqu'un de ne vous le révéler qu'à l'instant de partir pour l'autre monde. Cet instant est arrivé ; mais avant tout, promettez-moi de porter cette lettre à l'Empereur ; oui, à l'empereur Napoléon ; je suis sûr qu'il la lira, et ce qu'il vous dira de moi, vous consolera de ma perte.

— Je vous le promets, Rigault, dit le jeune homme..... Mais ne me parlez pas de mourir, cela me fait trop de mal. Oh! j'espère encore que l'Empereur....

— N'espérez rien, reprit gravement le sergent, tandis qu'un sourire pénible effleurait ses lèvres, l'Empereur est trop bon soldat pour ne pas me juger comme le conseil. Je ne veux pas de grâce, non je n'en veux point, et d'ailleurs l'Empereur ne pardonnera pas. Maintenant que je suis tranquille de ce côté, apprenez-donc, Maurice, que Madeleine était votre mère....

— Elle! Madeleine! ne me trompez-vous pas ? Mais pourquoi ne m'en a-t-elle jamais rien dit?

— Pourquoi? cela est difficile à vous expliquer, Maurice ; la pauvre Madeleine n'avait eu qu'une faiblesse dans sa vie, elle avait de l'honneur, la brave femme! elle ne voulait pas qu'on put lui adresser le moindre reproche. Mais combien elle vous aimait! Vous étiez son espoir, son bonheur, et quand vous étiez tout-à-fait enfant, elle vous accablait de caresses, et vous a sauvé plusieurs fois au péril de sa vie. Oui, elle vous aimait tendrement. Ne croyez pas, Maurice, que je sois capable de vous tromper, je vais vous remettre un papier signé par l'aumônier des Gardes-Françaises qui vous attestera la vérité de ce que je vous dis.

Alors le vétéran tira de dessous son uniforme un petit sac de peau qu'il remit à Maurice. Le bruit du tambour se rapprochait de la prison.

— N'ouvrez pas cela, reprit-il précipitamment, vous en aurez bientôt tout le temps. Adieu, Maurice, adieu pour toujours.

— Ma pauvre mère! j'avais une mère, et je l'ignorais! Je vous en prie, Rigault, vous avez été l'ami de ma mère, vous devez connaître celui...

— Oh! c'est autre chose, dit le vétéran, en levant ses yeux vers le ciel, vous le saurez bientôt, mais moi je ne puis pas vous le dire.

— Au nom de Madeleine, mon ami, s'écria

le jeune homme, ne rejettez pas ma demande, je vous en conjure à genoux.

— Je n'y tiens plus, dit le vieux soldat, je vais mourir, et ce n'est pas manquer à ma parole, écoutez donc, enfant !

Il lui dit quelques mots à l'oreille, le jeune homme jeta un cri perçant, mélange de douleur et de joie, et se précipitant sur le sein du vétéran, ils se tinrent ainsi étroitement embrassés. Tout-à-coup une idée subite le frappe ; il l'embrasse encore et s'éloigne rapidement, et le vieillard se hâte d'essuyer une larme qui avait coulé le long de ses joues.

Dans ce moment, le caporal Boudet et quelques fusiliers entrèrent dans le cachot.

— Ah ! te voilà, mon vieux, dit le sergent, je sais de quoi il s'agit, je suis prêt.

— C'est bien triste pour moi, Rigault, répondit le caporal d'une voix émue, nous sommes d'anciens camarades.

— C'était ton droit et ton devoir de me rendre ce dernier service , embrassons–nous , et marchons. Allons, camarades, pas accéléré , marche !

Le magnifique régiment de chasseurs de la garde était rangé en bataille dans la plus vaste allée du *Prater*, entre Vienne et Schœnbrunn. A peu de distance du front de bataille, était un peloton de vingt hommes, chargé de la triste mission d'exécuter le jugement du conseil. Un roulement de tambour et un mouvement d'armes qui s'exécuta sur toute la ligne, annoncèrent l'approche du condamné. Tout se passa d'abord dans les règles prescrites par la loi cruelle qui punissait de mort un moment d'erreur d'un vieux soldat. Un sous–officier lut à haute voix la sentence. Les mots d'insubordination et d'indiscipline parurent affecter péniblement le condamné, il murmura quelques paroles dont le sens ne fut pas compris, leva les yeux vers le ciel , et reprit son attitude résignée. Alors le caporal Boudet, tenant à la main un mouchoir s'approcha du condamné.

— Non, Boudet, non , dit le vétéran, avec

un calme plein de dignité, je ne m'agenouillerai pas, et je ne mourrai pas les yeux bandés. Un vieux soldat comme moi n'a pas besoin de ces précautions pour mourir sans faiblesse, d'ailleurs ce n'est pas contraire à la loi, n'est-ce pas, capitaine ?

L'officier qui commandait le peloton terrible fit un signe d'assentiment et ordonna au caporal de s'éloigner ; puis il commanda le feu, tandis qu'un nouveau roulement de tambours retentissait au loin. Mais les armes des soldats restèrent immobiles , et l'officier réitéra en vain ses ordres. Le colonel, suivi de quelques officiers accourut sur le lieu de l'exécution, et sa voix respectée demeura sans écho, les soldats n'obéirent pas.

— Colonel, dit le vétéran, calmez-vous, et pardonnez-leur un moment d'hésitation ; ils me connaissent tous, ils sont tous mes amis et cela ne s'oublie pas facilement. Laissez-moi faire. Camarades ! ajouta-t-il d'une voix ferme, vous m'avez toujours vu obéissant et soumis à mes chefs , ma mort est juste et c'est

le devoir d'un soldat de respecter les jugemens
d'un conseil de guerre. Vous ne me sauveriez
pas en résistant plus longtemps et moi je
mourrais plus malheureux par d'autres mains
que les vôtres. Vive l'Empereur! Peloton, garde
à vous, préparez vos armes! joue! feu!...

Un jeune officier, dans le plus grand désordre, le visage inondé de sueur, se précipite
dans le cabinet de l'Empereur, malgré toutes les
consignes qui lui en ferment l'entrée. C'est le
jeune Maurice. Il dépose sur la table la lettre de
Rigault. Napoléon, étonné, la prend et en
rompt aussitôt le cachet.

— Grâce, Sire, s'écrie le jeune homme...
Faites-lui grâce, rappelez-vous tous les services
qu'il a rendus à la patrie. Il est innocent! ne
souffrez pas, Sire, qu'on assassine un vieux
soldat.

Napoléon jette sur le jeune lieutenant un regard qui annonce un vif intérêt et semble le précurseur de la clémence, puis il lit à haute voix
les lignes suivantes :

« Majesté, je ne viens pas vous demander grâce, mais je ne veux pas que mon empereur croie que je vaille moins qu'à Saint-Jean-d'Acre et que je me sois rendu coupable d'indiscipline. Quand Votre Majesté lira cette lettre, je serai où j'ai vu aller tant de braves, en Italie, en Égypte, en Espagne, partout enfin où vous nous avez menés à la victoire. Ainsi on ne pourra pas dire que j'aie eu peur de mourir et que j'aie demandé grâce. Sire, j'ai manqué de respect à un lieutenant, c'est vrai, mais apprenez que ce lieutenant est mon fils. J'espère que cette confidence vous fera plaisir et que je puis me dire de votre Majesté, le fidèle ami. Signé, JEAN RIGAULT.

Le lieutenant, un genou en terre, couvrait de baisers convulsifs la main de Napoléon, visiblement attendri.

— Levez-vous, jeune homme, levez-vous, dit-il, avec ce ton de voix presque magique qui imposa si longtemps l'obéissance et le respect. Courez, Duroc, ne perdez pas un instant, Jean Rigault ne fait plus partie de ma garde, il est lieutenant avec une place aux Invalides, courez, vous dis-je, je ne veux pas que ce vieux soldat périsse. Vous viendrez me rendre compte de votre mission.

— Vive l'Empereur! s'écria le lieutenant, en suivant les pas du grand-maréchal.

Quand ils arrivèrent sur le lieu de l'exécution, le régiment défilait devant le corps percé de balles du vétéran : ses camarades lui avaient obéi......

Les officiers s'empressèrent d'arracher le lieutenant Maurice à ce douloureux spectacle, mais il parvint à se ravir à leurs soins bienveillans. Il erra une partie de la journée dans les allées solitaires du Prater. Il ne pleurait pas, mais le profond désespoir qui le dévorait se peignait dans ses traits altérés, dans ses regards troublés.

— Mon père! mon père! Ces mots étaient les seuls qui sortissent de sa bouche. Vers le soir la fièvre cérébrale se déclara avec une grande violence, il arracha son uniforme et se précipita dans le Danube, malgré les efforts de quelques soldats qui s'attachèrent à ses pas et qui ne purent le sauver.

Peu de jours après ces tristes événemens la garde changea de cantonnemens. Suzanne Rouget qui suivait le régiment des chasseurs à pied, aperçut sur les bords du Danube le corps d'un homme presque dépouillé de vêtemens. Elle s'approcha de ce triste objet que le Danube avait rejeté sur le rivage et elle reconnut le lieutenant Maurice! Il tenait encore dans sa main sa croix d'honneur, un sac de peau, et le portrait en miniature d'une jeune femme...

Telle fut la fin de l'enfant du régiment; ses anciens camarades accoururent et l'ensévelirent sur les bords du fleuve.

CAPRI.

J'y ai trouvé des Français, mais je ne puis croire
qu'ils y soient entrés.

SALICETTI.

L'océan amoureux de ces rives tranquilles,
Calme, en baignant leurs pieds , ses orageux transports;
Et pressant dans ses bras ces golfes et ces îles,
De son humide haleine en rafraichit les bords.

LAMARTINE.

Capri.

(1808).

I.

L'HISTOIRE.

Depuis la célèbre campagne de l'an 5, où le nom de Bonaparte avait conquis l'immortalité, les Bourbons de Naples avaient cru pouvoir se jouer de la fortune qui livrait le monde au drapeau tricolore. Trois fois déjà cette famille dégénérée de Charles III, le Louis XIV de l'Espagne, avait osé durant les intervalles où les phalanges républicaines épuisées par la victoire, semblaient prêtes à succomber sous les coups de nouveaux ennemis, lever son faible bras contre les hommes d'Arcole et de Lodi. Mais trois armées autrichiennes avaient successivement disparu devant eux. Alors la colère de la France avait menacé Ferdinand d'une punition trop méritée. Le souffle de l'armée, victorieuse de Beaulieu, de Wurmser, d'Alvinzy, avait suffi pour ébranler ce trône, que la justice de Dieu semble imposer comme un châtiment aux enfans indignes de la grande Grèce.

Les temps alors n'étaient pas encore venus. On reçut à merci un roi tremblant et sa cour fanfaronne. Le clémence du jeune chef de l'armée d'Italie jeta le voile de l'oubli sur les injures d'une royauté flétrie, dont toute la puissance était dans l'intrigue et la trahison.

Peut-être que déjà le général républicain ayant promené sur l'avenir son prophétique regard, avait vu dans Naples la place d'un nouveau trône où il pourrait un jour enchaîner l'ambition d'un de ses lieutenans. Peut-être que déjà la grandeur de sa mission s'était révélée à lui et qu'il préféra laisser sur le front de Ferdinand et de Caroline une couronne que sa main puissante pourrait toujours ressaisir ou briser. Il daigna donc pardonner ; les intérêts politiques de la France étaient au reste d'accord avec cette résolution. La république en chassant les Autrichiens d'Italie, n'avait point eu l'intention de troubler les nationalités diverses qui s'étaient établies dans la Péninsule à la suite de tant d'orages et de révolutions. Le tribut imposé à la cour de Naples avait augmenté les dépouilles opimes que ses victoires arrachaient à l'Italie, d'ailleurs le royaume des Deux-Siciles importait momentanément à l'équilibre de l'Europe, et le traité de Campo-Formio avait en conséquence garanti le trône de Ferdinand.

Mais on le sait, Ferdinand ne régnait pas seul, ou plutôt nouveau Claude, c'était une autre Messaline qui régnait sous son nom. Tout-à-coup les vainqueurs de l'Italie emportent leurs drapeaux triomphans vers les terres lointaines. Ils vont affrontant de nouveaux dangers, confians dans le héros de Montenotte et de Rivoli, ils vont chercher la place où leur baïonnette redoutable frappera l'Angleterre d'un coup mortel. Déjà la fortune fidèle à la valeur républicaine leur a livré la Méditérannée, et les héroïques enfans de la France ont fait retentir le doux nom de la patrie dans les vieux échos des Pyramides. Oh! sans doute ils ne viendront plus parler en maîtres dans l'Italie qui porte encore l'empreinte de leurs pas de géants! Le vent du désert et le sabre tranchant des Mameluks décimeront ces bataillons orgueilleux. Vengeance donc! Vengeance pour Naples et Caroline, digne souveraine de cette cité débauchée, qui, semblable à une courtisanne, s'endort à demi-ivre et couronnée de fleurs, entre une coupe vide et un poignard au pied du Vésuve!

La haine de l'Angleterre a bercé des plus belles espérances l'orgueil napolitain. Ses intrigues diplomatiques et son or cherchent partout des ennemis à la France, et le ministre Acton gagné par ses agens de corruption, va seconder leur plan de discorde et de sang. Aux armes! Caroline promet à l'Italie d'exterminer les Français. Déjà les Anglais sont accueillis à sa cour voluptueuse avec un empressement qui tient du délire, et quand Nelson, vainqueur du brave et malheureux Brueis, a reparu dans la baie de Naples, traînant à sa suite les restes de la flotte républicaine, tristes preuves de notre désastre d'Aboukir, le roi Ferdinand ira lui-même audevant du héros de la coalition. Lady Hamilton, l'amie de Caroline, ouvre ses bras au commodore qui va souiller ses lauriers dans les orgies sanglantes de cette cour odieuse.

Depuis que la république est malheureuse, elle a cessé de paraître redoutable, et tout se prépare avec la rapide chaleur de la haine et de la vengeance pour la guerre déloyale qu'on va lui déclarer. Championnet à la tête d'une poignée de braves ne peut couvrir Rome. Il va se retirer momentanément devant soixante mille Napolitains, et ce mouvement indiqué par la prudence militaire, exalte au plus haut degré de folie l'enthousiasme chevaleresque de la cour de Caroline. Les Napolitains, devenus tout-à-coup belliqueux, ne trouvent point parmi eux de général capable de les conduire à la victoire, et l'Autriche leur envoie le général Mack, un des plus habiles joueurs d'échecs du Saint-Empire. Comment douter maintenant du succès de l'audacieuse entreprise pour laquelle l'Angleterre va fournir de nouveaux subsides , et les intrépides Napolitains leur vaillante jeunesse ?

Le roi Ferdinand , l'homme le plus sage de sa cour, soit qu'il fut conseillé par la prudence ou par la peur, fut le seul qui, redoutant les suites de cette levée de boucliers , ne jugea point d'abord la victoire aussi facile; mais soumis aux caprices de la reine , il se laissa bientôt persuader. On le met sur un cheval , et on le proclame le libérateur de l'Italie. Ferdinand ne tarde pas à s'imprégner de l'esprit d'héroïsme qui animait sa cour et sa nombreuse armée, quand il vit qu'aucun obstacle n'arrêtait sa marche. Comme Championnet avait prudemment évacué Rome , le roi de Naples y fit une entrée triomphale digne des beaux jours des Camille et des Scipion. Jamais tête royale n'avait été plus exposée à la séduction de la gloire. Ferdinand put croire un moment qu'il dépendait de lui d'être un grand homme. Les Romains manifestèrent la joie que leur inspirait la présence du libérateur de l'Italie, par le massacre de ceux de leurs compatriotes qui avaient participé aux actes politiques du gouvernement républicain établi par les Français.

Cependant le prudent Championnet rassemble à Borghetto et à Terni les colonnes républicaines, et bientôt après avoir chassé devant lui les nombreux bataillons de Ferdinand, il reparait aux portes de Rome, et rentre en maître dans cette cité désolée. Les fiers Napolitains repoussés de poste en poste, la baïonnette dans les reins, cherchent un refuge dans les Abruzzes. Quarante jours après l'ovation de Ferdinand au Capitole, ses soixante mille soldats avaient mis bas les armes ; Capoue et Gaëte étaient au pouvoir des Français et lui, fuyait avec la reine et ses ridicules chevaliers, abandonnant au seul patriotisme des Lazzaroni la grande ville de Naples, où la république parthénopéenne était immédiatement proclamée sous la protection du drapeau tricolore.

Durant cette courte et admirable campagne, l'illustre Championnet augmenta sa renommée déjà chargée de beaux souvenirs : les généraux Macdonald et Kellermann fils, y déployèrent un courage digne de l'armée républicaine, dont ils commandaient des divisions.

Si le peuple napolitain avait été fait pour la liberté, il aurait pu se délivrer à cette époque des plaies antiques dont il était dévoré. Le général qui commandait en chef l'armée française dans le royaume de Naples était né pour comprendre et pour diriger l'élan d'une nation qui aurait voulu se réconcilier avec l'histoire et marcher dans la voie du progrès. L'austère et vertueux Championnet était à la hauteur d'une telle mission, mais l'établissement qu'il fit par ordre du directoire de la république parthénopéenne péchait par sa base. Trop peu de Napolitains comprenaient cette institution. Elle réunit bientôt contre elle les moines, les nobles et les paysans, classes dépourvues d'instruction et que des préjugés profondément enracinés éloignaient avec horreur des Français. Les moines étaient inspirés dans leur haine par les tristes profanations dont la révolution française avait malheureusement donné le scandaleux spectacle, mais il est probable que la crainte d'une sécularisation inévitable et la perte de leurs biens temporels entraient au moins pour moitié dans leur zèle contre l'impiété républicaine. Les nobles étaient mus par les intérêts féodaux de leur caste, et le paysan napolitain, qui tient à-la-fois de l'esclave et du bandit, se laissa facilement entraîner par ses confesseurs et ses seigneurs.

On a trop souvent confondu les Lazzaroni avec la vile populace de Naples, race dégradée et qui n'a même aucune analogie dans l'excès de sa perversité avec celle qui inonde les carrefours de Londres et de Paris. Descendent-ils de l'une des colonies grecques, qui dans des temps reculés vinrent s'établir dans cette riche et belle contrée? Appartiennent-ils à une famille latine, ou sont-ils les descendans de quelques-unes des races germaniques, qui, sous le nom d'Hérules, d'Ostrogoths ou de Lombards, vinrent successivement y planter leurs tentes? On l'ignore, mais il paraît certain d'après les obser-tions physiologiques et morales dont ils ont été l'objet, que les Lazzaroni forment une famille bien distincte de celles des autres habitans du royaume de Naples , qui n'ont point au reste une origine commune. Ce sont en général des hommes grands et forts, laborieux et sobres. Ce sont des prolétaires dont l'union pourrait balancer la puissance du gouvernement , aussi respecte-t-il leurs priviléges et fait-il tous ses efforts pour se les attacher.

Le Lazzaroni aime cette terre où il vit, mais il demeure étranger au mouvement social et ne cherche point à sortir de la classe dans laquelle il est né. A la porte des brillans palais où des fêtes voluptueuses rassemblent la noblesse napolitaine , il s'endort gaîment après avoir pris le repas composé du seul mets national dont il soit friand. Sous les vêtemens qui cachent à demi sa nudité, il conserve une certaine fierté qui s'allie parfaitement à un extérieur remarquable par la mâle beauté des formes. Un lien fraternel semble unir les Lazzaroni, ils ne subissent point les lois du royaume quand elles paraissent contraires à leurs traditions qu'ils savent faire respecter. Seuls ils sont libres sur cette terre d'esclaves et ont le droit incontesté de s'assembler publiquement et en grand nombre, sans que le gouvernement songe à les troubler dans ces nobles manifestations de la dignité de l'homme.

Le Capo-Lazzarone est le chef suprême de toute la famille. Il est élu par ses frères et il exerce sur eux une autorité qui rappelle le tribunat des Romains. Si le Capo ne siége point dans les conseils du roi, s'il n'habite pas un hôtel ministériel, s'il n'a ni gardes, ni laquais ; si rien enfin dans ses vêtemens ne révèle la dignité populaire dont il est investi, cette autorité n'en n'est pas moins réelle, pas moins efficace. Le Capo est chargé du soin de faire respecter les droits de sa caste , et il est rare que ses pétitions aux ministres du roi de Naples, appuyées par la présence d'un certain nombre de Lazzaroni , ne soient pas accueillies avec empressement , avec bienveillance. Il a une place réservée aux cérémonies d'apparat où assiste la cour, qui s'étudie surtout en public à lui montrer beaucoup de prévenances et d'égards. C'est le Capo qui a le droit de vérifier le sexe de l'enfant dont la reine vient d'accoucher, et c'est lui qui le montre au peuple du haut du balcon royal.

9

J'aime les Lazzaroni, ce sont de braves gens qui conservent au sein d'une nation sans esprit public et sans énergie, le type d'une race supérieure. Ce furent eux seuls qui sauvèrent l'honneur du pays, en opposant quelque résistance à Championnet, après l'expédition malheureuse du général Mack, qu'ils faillirent sacrifier aux ressentimens de leur patriotisme trompé par la cour, abusé par cet étranger. On nous pardonnera sans doute cette courte digression en faveur de l'intérêt qu'inspirent à tous les hommes de cœur, les braves compatriotes de Mazaniello.

La cour de Naples, exilée dans ses domaines de la Méditerranée, ne renonça ni à sa haine, ni à l'espoir de reconquérir ses provinces continentales. L'or de l'Angleterre l'aida encore dans cette circonstance à susciter des ennemis aux Français. L'insurrection s'organisa dans les Abruzzes sous la direction du cardinal Ruffo, et la vaillante armée française eut à lutter contre des dangers sans nombre et sans cesse renaissans. Des hommes d'une audace extraordinaire se firent remarquer durant cette lutte; Fra-Diavolo, Sciarpa

et Pansanera à la tête des moines enrégimentés
et des paysans calabrois , mirent souvent en
danger des corps entiers dé l'armée républicaine. Mais ils déshonorèrent leurs victoires
par des excès de tout genre, et la suite des événemens militaires auxquels ils avaient pris part,
prouva que leur courage de bandits n'était pas
inspiré par la sainte colère du patriotisme.

Au reste le directoire vint lui-même au secours du cardinal-brigand et de la digne cour
de Sicile , en décrétant une mesure injuste et
impolitique , dans laquelle il révélait en même
temps la profonde immoralité de la majorité
de ses membres. Le vertueux Championnet avait
banni de Naples tous les employés civils qui
déshonoraient la république française en pays
conquis par les plus scandaleuses concussions.
Le directoire donna raison à ses infâmes agens,
et l'illustre général en chef fut destitué et conduit en France comme prisonnier sous le poids
d'une accusation capitale.

Les talens militaires de Macdonald que le directoire désigna pour succéder à Championnet,

devinrent bientôt impuissans pour lutter contre les graves événemens qui suivirent en Italie
la première conquête du royaume de Naples par
les Français. On sait quels furent nos revers et
nos pertes durant la campagne de l'an 7 et au
commencement de celle de l'an 8. Après le triste
résultat de la bataille de la Trebbia, où trente
mille Français, sous les ordres de Macdonald,
avaient lutté durant trois jours contre les forces
combinées des Autrichiens et des Russes, com-
mandées par le célèbre et farouche Sowarow,
les armées de la république évacuèrent successivement la Haute et la Basse-Italie.

La restauration de la cour de Sicile ne souf-
frit aucune difficulté après le départ des Français; les institutions républicaines que Championnet avait établies à Naples n'avaient pas eu le
temps de jeter de bien profondes racines. Elles
furent aisément renversées. Mais cette restauration est écrite dans l'histoire avec des caractères
de sang, et il est au moins utile de le rappeler
en passant, quelque effroyable et attristant que
soit le spectacle de ce beau royaume de Naples,
en proie aux bourreaux de l'exécrable Caroline
et à la justice de ses bandits.

Naples fut surtout témoin des plus horribles exécutions. La reine et lady Hamilton avec Nelson et Acton aimaient à repaître leurs yeux des scènes de carnage exécutées par leur ordre. Il serait difficile de suivre ces deux couples odieux au milieu des sanglantes orgies auxquelles ils se livrèrent. La classe moyenne avait en général adopté les principes républicains et montré une vive sympathie pour les Français; quelques familles patriciennes dans des vues d'ordre public, comme dans l'intérêt de leur fortune, avaient suivi en apparence le même mouvement, il n'y eut point de pitié pour elles. L'infâme Ruffo créa un tribunal extraordinaire, si l'on peut donner le nom de tribunal à un conciliabule d'assasssins qui en peu de jours couvrit Naples de ruines et de sang. C'était peu pour lui d'ordonner la mort, il avait une horrible aptitude à varier les supplices. Les patriotes comme les amis des Français étaient jetés vivans dans des bûchers, et Naples qui malgré l'exagération du fanatisme religieux de ses habitans n'avait jamais voulu subir l'inquisition, vit alors se renouveler plusieurs fois dans une journée toutes les barbaries de ce tribunal frénétique. Anathême à

Caroline la reine ! à l'impudique Hamilton, à Ruffo, à Acton, à Nelson, leurs complices !

Cependant de grands événemens avaient eu lieu en France et l'Italie allait revoir encore le drapeau tricolore et les illustres phalanges d'Arcole et de Lodi, marchant de nouveau contre la coalition des rois sous la conduite de Bonaparte ! L'intrépide et heureux Masséna à la fin de la campagne précédente avait terrassé Sowarow à Zurich et ce Scythe barbare qui avait apparu un instant sur les Alpes, comme le messie du pouvoir absolu contre la république fançaise, retournait en Russie avec les cadres de quelques bataillons, débris de cent mille hommes qu'il avait amenés de ces lointaines contrées. Championnet, Moreau et le même Masséna arrêtaient les Autrichiens au pied des Appénins et sur le Var. A la suite du coup-d'état du 18 brumaire, Bonaparte avait été proclamé premier consul de la république, et à la tête de l'armée de réserve créée pour ainsi dire par sa parole, il franchit les Alpes et reparut dans cette Italie où son génie s'était révélé au monde par tant de victoires et d'héroïques travaux. Mais il n'est pas de notre sujet de suivre le glorieux conquérant de l'Égypte sur les champs de bataille où de nouveaux triomphes vont légitimer son audace contre la constitution de sa patrie.

A la nouvelle de l'invasion des Français, la cour de Naples dominée par la diplomatie anglaise, ne vit pas tout-à-coup les dangers dont elle était environnée. Elle renouvela ses alliances avec les ennemis de la république française, leva des troupes et se prépara à seconder la coalition de tous ses efforts. Mais l'issue de la bataille de Marengo et la marche rapide des Français dans le Milanais et la Haute-Italie, ne tardèrent pas à ébranler la confiance de cette cour aussi faible que corrompue. Elle dut au moins se rappeler sa mauvaise foi envers la France et la guerre barbare qu'elle n'avait cessé de lui faire. Celui qui avait brisé la vieille et puissante aristocratie de Venise, celui qui avait dicté à l'Europe le traité de Campo-Formio reparaissait tout-à-coup à la tête d'une armée triomphante et investi d'une dictature qui ne mettait plus de bornes aux caprices de la victoire. Il avait à demander compte à la cour de Naples du sang des soldats français égorgés dans les hôpitaux ou surpris par les bandits de Ruffo; il avait à demander compte du sang de tant de patriotes napolitains que leur fidélité à la France avait voués à d'effroyables supplices. D'ailleurs ce qui restait dans le royaume d'hommes éclairés et qui avaient pu échapper au tribunal de Ruffo et à la vengeance de Nelson, dont la gloire était à jamais déshonorée par son infâme complicité avec les bourreaux de Caroline; les populations des provinces ravagées tour - à - tour par les bandits à la solde de la cour et par les agens royaux commençaient à relever la tête et à croire prochaine la fin de leurs misères.

L'un des plus braves lieutenans de Bonaparte, Murat à la tête d'un corps d'élite marchait sur Naples; aucune résistance ne paraissait possible, et déjà Ferdinand se résignait à retourner à Palerme quand une résolution inattendue de la reine Caroline vint pour quelque temps encore mettre sa couronne à l'abri des foudres républicaines. A cette époque l'empereur de Russie Paul Ier, dont le caractère bizarre, mais au fond magnanime et respectable, ne pouvait s'astreindre aux règles habituelles de la diplomatie, ne cachait pas son admiration pour le premier consul. Il avait rompu ses traités avec l'Angleterre, et désormais sa loyale alliance promettait à la France une diversion dans le nord aux efforts de la coalition dont il s'était retiré. Paul aimait la gloire, et peu d'années après il paya cher le sentiment généreux qui l'avait entraîné dans l'alliance française.

Ces circonstances et ce penchant du czar étaient connus de toute l'Europe. Caroline s'embarque à Palerme, elle n'a voulu confier à personne le soin de la négociation importante qu'elle a résolu d'entreprendre et elle arrive à Pétersbourg où l'autocrate la reçoit avec les égards dûs à son rang, satisfait sans doute de voir une reine du midi de l'Europe bravant pour recourir à sa magnanimité les périls d'un long voyage maritime.

Caroline ne vint pas demander à l'autocrate un nouveau Sowarow et des secours contre les Français, elle était trop habile pour se jeter ainsi à la traverse de la nouvelle politique du cabinet Russe. Elle rendit au contraire justice aux talens et à la gloire de Bonaparte, c'était une manière de flatter l'empereur, et elle le conjura d'interposer sa médiation entre la cour de Naples et la juste indignation du premier consul. Le généreux Paul y consentit, et il dépêcha sitôt en France le comte de Lewaschew, son grand veneur.

Les temps étaient changés, outre que l'amitié de ce prince flattait peut-être en secret Bonaparte, elle était d'une haute importance dans la politique du premier consul. Il ne pouvait alors entrer dans ses projets de rétablir la république parthénopéenne, lorsque les moins clairvoyans le voyaient près de briser la république française elle-même, qui, en proie à une funeste ivresse, confiait sa constitution et son avenir social à un seul homme habitué à manier l'épée. Telles furent les circonstances extraordinaires qui sauvèrent alors la famille royale de Naples de l'humiliation d'une nouvelle fuite. Bonaparte se montra généreux, il n'imposa à cette cour déloyale que des hostilités contre l'Angleterre et la représaille d'un embargo pour la punir de celui qu'elle avait mis sur les vaisseaux russes et danois, et enfin l'abolition des infâmes tribunaux qui versaient à grands flots le sang des patriotes napolitains.

Il semblait qu'après avoir fait tant de fois l'épreuve de sa faiblesse, la cour de Naples dût craindre le retour des événemens qui auraient infailliblement alors amené sa perte sans la modération du vainqueur de l'Italie et la médiation de l'empereur de Russie. Mais la haine que Caroline portait à la France ne lui permettait pas d'écouter les conseils de la prudence et d'une saine politique. Paul Ier n'était plus, un crime affreux auquel la diplomatie anglaise ne fut point, dit-on, étrangère avait appelé au trône de Russie un jeune empereur qui, obéissant aux préjugés de son éducation et dominé d'ailleurs par la faction parricide à laquelle il devait la couronne, entra avec un enthousiasme irréfléchi dans la troisième coalition contre la France.

Maintenant la république était morte, la liberté avait cédé à la gloire, et Napoléon était empereur. Il parait qu'au commencement de la campagne de 1805, la cour de Naples ne trouvant pas ses alliés assez près d'elle et n'étant pas d'ailleurs préparée à une nouvelle guerre, après les affreux désordres des années précédentes qui avaient ruiné le royaume, avait signé avec la France un traité de neutralité. Mais pour que sa chute fût plus légitime, foulant aux pieds toutes les lois civilisées et se jouant avec une étrange impudeur de la sainteté des sermens, elle avait conclu le même jour un traité secret d'alliance avec l'Angleterre, l'Autriche et la Russie ! Les premiers événemens de la célèbre campagne de 1805 avaient frappé de terreur les ennemis de la France, mais quand la nouvelle du désastre de Trafalgar, où notre marine avait été une seconde fois anéantie, se répandit en Europe, toutes les haines de Caroline se ranimèrent, et cette femme artificieuse et imprudente ne garda plus de mesure. Les Anglais et les Russes débarquèrent à Naples de nombreux corps de troupes, et la cour osa manifester l'intention de se mesurer avec Napoléon, l'empereur des Français et le roi d'Italie.....

Tandis que cette cour perfide s'abandonnait à l'ivresse des espérances dont la coalition se berçait encore, le canon d'Austerlitz retentit tout-à-coup en Europe. Les Russes reçurent l'ordre de quitter Naples et de reprendre leur position à Corfou, et les Français, maîtres de la Toscane, s'avancèrent pour châtier l'insolence et la mauvaise foi d'un gouvernement qui n'avait jamais su jouir de la victoire que par des cruautés et de la paix par des trahisons. Ce fut en vain que la reine Caroline se résigna à subir toutes les humiliations pour conserver sa couronne, ce fut en vain qu'elle voulut employer de nouveau l'artifice des négociations, l'empereur fut inflexible, et un décret signé Napoléon apprit enfin à l'Europe que la dynastie de Naples avait cessé de régner!

La reine Caroline se livra à toutes les fureurs de la colère et du désespoir, elle reprocha amèrement son peu d'énergie au pacifique Ferdinand, qui retourna à Palerme avec une résignation toute philosophique, puis elle essaya de rallumer l'insurrection des Abruzzes et d'armer encore une fois les fidèles Lazzaroni. Ces démonstrations n'eurent aucun résultat, le royaume fut envahi par l'armée française et un second décret de Napoléon qui appelait au trône son frère Joseph reçut son exécution.

On sait que les événemens politiques, dont la suite fut si funeste à la France, mais qui sont étrangers à notre sujet, appelèrent encore une nouvelle dynastie sur le trône de Naples et que Murat, sous le nom de Joachim-Napoléon, fut en 1808 proclamé roi en remplacement de Joseph, qui par la volonté de l'empereur *passa* roi d'Espagne, comme disaient les soldats de cette époque.

Sous le règne de Joseph, les soins qu'il fallut donner à la réorganisation d'un pays que la guerre civile et l'oppression royale avaient si cruellement affaibli, ne permirent pas de diriger une troisième expédition contre l'île de Capraïa, qui n'est qu'à une lieue de la terre-ferme. La tempête avait dispersé à deux reprises une flottille qui avait reçu cette destination; le pacifique Joseph ne voulut pas tenter davantage la fortune des armes et des flots. Mais le belli-

queux Joachim ne pouvait voir de sang-froid
du haut du château de l'Œuf les manœuvres
militaires des Anglais sur un territoire qui dépendait de son royaume. Le corps d'armée
français qui stationnait alors dans ce pays était
sous les ordres du général Maximilien Lamarque, la prise de Capraïa sourit au courage de
cette illustre et brave officier, et cette expédition qui devait honorer les momens de loisir
des Français dans le royaume de Naples, fut
résolue.

Capri.

II.

LE DRAME.

Naples est assise comme une reine superbe, à-peu-près au centre du golfe auquel elle a imposé son nom. Un ciel pur et calme se déroule majestueusement au-dessus de sa tête, comme les draperies du dais éclatant qui pavoise son trône. Les flots bleus de la mer Tyrrhénienne viennent avec amour baiser ses pieds humides. Des brises

odorantes répandent sur le golfe un charme voluptueux qui n'appartient qu'à ces fortunés climats.
Des milliers de voiles sillonnent les ondes paisibles de ce port immense, où rarement la tempête fait entendre sa voix. Le vent d'est chargé
du parfum des bois de myrthes et d'orangers qui
peuplent les collines voisines, répand le soir sur
ces rivages enchantés une fraîcheur bienfaisante
qui fait oublier à l'indolent Napolitain les cha-
leurs de son brillant soleil. Alors pour se délas-
ser de sa paresse il vient s'asseoir sur les bords de
la mer, ou bien monté sur sa felouque coloriée
il fend l'onde écumeuse, dans laquelle, semblables aux Sirènes de la Grèce antique, des blanches filles du Belvédère et de Portici se jouent à
la surface et frappent les échos du murmure
harmonieux de leurs barcarolles légères.

Heureuse contrée où la terre sourit à l'homme
comme une ravissante espérance, où l'hiver n'a
point de frimats, où l'automne avec ses vapeurs
grisâtres et ses brusques orages ne descend jamais sur la colline riante et ne jaunit point en
passant les feuilles des arbres. La nature n'y suspend à aucune époque le cours de sa marche fé-

conde; elle y fait mûrir les fruits auprès des fleurs nouvelles, elle a toujours de verts ombrages, toujours un beau soleil !... Oh ! si des hommes libres habitaient cette terre fertile que des maîtres ingrats remuent à peine avec des bras énervés, de quels trésors ne récompenserait-elle pas leurs travaux ?... Mais la grappe mûrit, le fruit d'or des Hespérides jaunit sur sa tige parfumée, l'olive se gonfle d'un suc nourrissier, le palmier prodigue ses fruits savoureux, les belles moissons se succèdent sur cette terre enchantée pour nourrir l'oisiveté d'un troupeau d'esclaves ! On dirait que la terre de Naples comprend cette déception douloureuse, elle est belle encore, mais d'une beauté triste et mélancolique, elle n'a plus dans son sein que des souvenirs et des tombeaux, et dans son long veuvage elle semble attendre un autre hymen. Les héros de la grande Grèce ne reviendront-ils pas pour terminer le deuil de leur noble patrie !...

Écoutez : quels affreux mugissemens sortent de la terre ébranlée? Où s'en vont ces foules timides avec la pâleur sur le front ?... Voyez, de la crête, sauvage et funèbre de ce mont qui s'élève à peu de distance de Naples, voyez s'élancer des tourbillons de flammes et une colonne de fumée noire et épaisse qui se dessine dans l'azur du ciel comme l'ombre d'un géant dont les vastes bras menacent l'orgueilleuse Parthénope. Le monstre a ouvert sa gueule horrible où déjà des villes et des peuples ont été engloutis; de larges ruisseaux de feu s'élancent avec un bruit formidable de ses flancs immenses dont l'œil de l'homme ne sondera jamais la profondeur. Un jour sans doute sa lave dévorante viendra se saisir de Naples, et il y aura pour elle une nuit qui ne finira pas, et puis dans quelques mille ans, quand la mémoire humaine aura oublié ce désastre, un peuple nouveau en creusant cette cendre devenue fertile, découvrira peut-être le cadavre froid de cette cité aujourd'hui si riante et si belle.

Le golfe de Naples a la forme d'un croissant dont les cornes seraient un peu évasées à leur extrémité. Un groupe d'îles délicieuses couvre la mer à la pointe nord du golfe; les plus grandes et les plus près de la côte sont celles de Procida et d'Ischia qui se trouvent à-peu-près en face de Pozzuoli. A la pointe sud du golfe et vis-à-vis de Sorrento, à trois milles environ du promontoire qui porte le nom de cette ville, est la belle Capri, que les Italiens appellent aujourd'hui Capraïa.

Cette île, qui n'a guère que deux lieues de France de longueur sur trois quarts de lieue de largeur, ressemble à une montagne qui s'élèverait tout-à-coup au sein d'une vaste plaine. Ses bords, formés de rochers à pic et escarpés, sont d'un accès difficile dans la plus grande partie de l'enceinte qu'ils forment. Deux petites villes qui ont conservé les noms grecs de Capri et d'Anacapri renferment les deux tiers de la population qui s'élève à près de dix mille âmes. La première de ces villes est la plus considérable, la seconde, située dans la partie la plus élevée de l'île, est la résidence de l'évêque.

Capri, célèbre dans l'histoire de Rome impériale, est couverte de ruines qui attestent le séjour qu'y firent ses deux premiers empereurs. Auguste venait chercher dans ce lieu ravissant, mais alors solitaire, l'oubli des chagrins qui assiègent la grandeur. Tibère vint y finir sa vie, dont il voulut vainement dérober aux hommes les honteux secrets. L'œil de l'histoire l'y suivit. Le vieux et sanguinaire tyran du monde, caché dans cette riante solitude, croyait tromper même le temps, et s'abandonnait aux caprices les plus exigeans que peuvent inspirer à-la-fois le dégoût et le besoin des voluptés. Alors le pied d'un homme libre ne foula plus la pelouse fleurie de la verdoyante Capri. Nul autre que César et ses vils courtisans n'y vint respirer un air balsamique sous les orangers et les mûriers qui peuplent ses vallons et ses fertiles collines. Des palais de marbre, des bosquets enchantés servaient d'asile à d'infâmes débauchés qui comptaient des Scipion et des Camille parmi leurs aïeux. Là, dépouillant leur pourpre déshonorée, ils essayaient à ranimer le sang engourdi dans les veines glacées du tyran en se livrant en sa présence, avec des femmes sans pudeur, aux danses lascives, à toutes les profanations des tendres mystères de Vénus. Ils étaient comme des faunes ivres secondant les impudiques fureurs des bacchantes.

O combien de fois les belles filles de l'Ionie, les

vierges de Pompéia et d'Herculanum, ne furent-elles pas livrées, tremblantes aux caresses dégoutantes de César, qui luttait dans leurs bras contre la mort, la seule puissance que les hommes n'avaient pu soumettre à sa volonté. Combien de fois ses baisers affreux n'ont-ils pas profané vos attraits, ô blanches colombes qui avez crié vainement sous la serre du vautour sanglant. C'est peut-être pour punir vos concitoyens de n'avoir pas alors maudit le tyran en cherchant avec un poignard le chemin de son cœur, que vos cités, comme des mères infâmes, ont été englouties sous la lave du Vésuve! Que reste-t-il aujourd'hui du monstre qui outragea longtemps dans Capri l'humanité et la vertu?.... un souvenir odieux qui pèse sur sa tombe, quelques colonnes renversées, où les tristes graminées qui se plaisent parmi les ruines trouvent un peu de terre...

Les souvenirs de Sorrento sont plus consolans pour l'humanité. En 1558, les Turcs dont l'audace était encouragée par l'anarchie qui régnait alors dans la chrétienté, débarquent dans le golfe même de Naples, s'emparent de Sorrento et entassent sur leurs galères, environ

douze mille de ses habitans. Leur but n'était
·pas de conserver une aussi grande quantité
d'esclaves, mais d'obtenir pour leur rançon des
sommes considérables. Naples était alors sous
la domination espagnole, et Philippe II, de terrible mémoire en était le souverain. Les malheureux Sorrentins ne furent point secourus
par leurs protecteurs naturels; les Espagnols
et leur sombre roi qui n'avaient pas su les défendre contre l'inconcevable attaque des Turcs, les
abandonnèrent à leur sort. Mais les habitans
de Sorrento qui avaient pu échapper au désastre de leurs concitoyens, vendirent leurs terres,
leurs maisons, et tout ce qu'ils possédaient aux
enchères publiques et réussirent enfin à com-
pléter la somme fixée par l'avarice des forbans
pour leur rendre leurs frères et leurs épouses.
Le retour dans leur cité de ces infortunés dut
offrir une scène touchante, et il est fâcheux que
l'histoire n'ait pas quelques paroles pour de si
grands malheurs et un dévouement si généreux.

Mais Sorrento est plus fière d'avoir donné le
jour à un grand poète que de la piété de ses citoyens envers leurs frères malheureux. C'est de

ses murs que s'élança Torquato-Tasso avec son imagination brillante et sa parole harmonieuse. C'est sous le ciel enchanteur de cette délicieuse contrée, c'est en respirant les brises odorantes de Capri et du golfe qu'il reçut l'inspiration de cette poésie merveilleuse que le géomètre Boileau a si ridiculement appelée du *clinquant*. C'est au sein des molles rêveries qui saisissent l'âme sur ces rivages, qu'il contracta cette mélancolie sublime, dont malheureusement le divin poète ne sut pas se garantir dans sa vie privée.

Au mois de septembre de l'année 1808, un bataillon du 8°. régiment d'infanterie légère vint occuper Sorrento avec la mission de garantir, contre une surprise militaire, cette ville située sur la côte septentrionale de la partie sud du golfe de Naples, ainsi que le littoral opposé partie nord de celui de Salerne. Il devait en outre observer les mouvemens des Anglais, maîtres de Capri; car leurs bricks légers qui semblaient voler comme des mouettes le long de ces côtes capricieuses venaient souvent braver la vigilance de nos postes en débarquant dans les anses du golfe des marchandises proscrites par la politique française, ou des agens secrets du roi de Sicile. Mais depuis que Joachim s'intitulait roi de Naples, la surveillance avait redoublée et ce prince guerrier qui s'efforçait déjà d'imprimer à la nation napolitaine les mœurs belliqueuses des Français, ne voyait qu'avec une généreuse impatience les Anglais paradant jusques sous les murs de sa capitale.

Parmi les officiers du bataillon en garnison à Sorrento on remarquait le capitaine Eugène d'Herbeville, que sa bravoure avait fait distinguer de l'empereur durant la campagne de l'année précédente et qui s'était arraché tout-à-coup aux salons et aux fêtes de Naples. C'était un jeune homme aussi noble par les sentimens généreux de son cœur que par sa naissance. Il appartenait à une très-ancienne famille de Normandie dont le chef avait eu le malheur d'émigrer dès les premières manifestations de la révolution contre le trône des Bourbons, auquel d'honorables préjugés l'attachaient. Eugène n'avait pas suivi son père, il était trop jeune à cette époque pour se passionner en faveur de la cause que M. d'Herbeville avait embrassée

avec enthousiasme. Il était resté en France avec
une sœur encore plus jeune que lui, dont il comprit bientôt qu'il était le seul appui. Son père
tomba sous les coups de ses compatriotes dans
les rangs de l'armée de Condé, et sa mère au désespoir avait suivi peu de temps après son époux
dans la tombe. Eugène d'Herbeville était entré
dans l'armée où son éducation toute militaire
avait été appréciée, comme les talens et le courage dont il ne tarda pas à donner des preuves,
et après quelques années de service, il était
rapidement parvenu au grade de capitaine.

Voilà tout ce qu'on savait d'Eugène d'Herbeville dans le régiment où il servait. Il exerçait
une de ces influences qu'on ne peut s'expliquer
par les relations ordinaires de la vie. Tous les
soldats le connaissaient, tous les officiers recher-
chaient sa société, les uns et les autres avaient
pour lui plus d'égards et de déférence que son
grade ne semblait devoir lui en assurer. Sa
supériorité, par une circonstance bien rare dans
notre société envieuse, n'était contestée de personne, et cependant d'Herbeville n'allait point
au-devant des hommes, il paraissait loin de re-

chercher la faveur dont il jouissait ; il y avait plutôt en lui quelque chose qui ressemblait au dédain pour les prévenances dont il était l'objet et qui perçait au travers de son abandon de jeune homme et de la bienveillance de ses paroles. Quelques hommes sont ainsi privilégiés, non-seulement on ne met jamais en doute les nobles qualités dont ils peuvent être doués, les talens qu'ils ont acquis, mais encore l'opinion les place immédiatement dans un degré supérieur à celui qui aurait dû être équitablement fixé à leur mérite. Leurs premiers pas dans la société sont autant de triomphes, tout semble leur sourire. L'on dirait que doués d'une puissance attractive ils entraînent et neutralisent dans la sphère de leur vie tous les élémens du mal qui auraient pu la troubler, et ils exercent sans contestation une grande et inexplicable influence, résultat mystérieux de l'ensemble de leur organisation. Mais il arrive souvent que ces hommes pour qui le monde semble déguiser ses vices et étouffer ses passions, rencontrent tout-à-coup un obstacle insurmontable, plus fort que l'étrange faculté qui les protégea longtemps, et alors, comme des anges déchus, ils cherchent vainement sur leur front dépouillé de grandeur, le sceau de leur puissance oubliée. Ils redeviennent des hommes ordinaires et les orages de la vie commencent enfin pour eux.

Je ne sais, si en voulant éviter ici l'appareil des formules métaphysiques nécessaires à la démonstration d'un principe idéal, j'ai rendu avec assez de clarté la pensée qui me préoccupe et rappelé d'une manière assez précise l'accident social auquel j'ai voulu faire allusion. Au reste, il suffit que le phénomène intellectuel dont je viens de parler existe, pour que chacun puisse avec ses propres observations se faire une idée de la situation morale du capitaine d'Herbeville.

Tous les phénomènes ont des lois rigoureuses et absolues, l'embarras qu'éprouve la philosophie est de les trouver. Eugène d'Herbeville devait-il la considération dont il était entouré et cette influence qu'il exerçait autour de lui, sans le vouloir et presque sans le savoir, à des avantages extérieurs ou à des qualités réelles?

Cela est difficile à décider. C'était un grand et beau jeune homme, d'une physionomie heureuse et expressive. Ses traits auraient parfaitement rappelé ceux de l'Antinoüs antique, si une pensée grave n'eût semblé y jeter comme une ombre qui leur donnait une expression plus énergique que celle de la beauté jeune et insouciante. Cependant ce n'était pas une tristesse vulgaire qui se reflétait pour ainsi dire sur sa physionomie d'un caractère si remarquable et si pur. C'était plutôt le signe traditionnel de la race Scandinave dont il descendait et dont il avait conservé le type originel et la beauté poëtique. Il avait des yeux bleus et des cheveux blonds comme ces rois de la mer célèbres, dans les poésies des Scaldes du nord, et dont on retrouve aussi les formes héroïques dans quelques passages d'Ossian.

Le capitaine d'Herbeville avait reçu l'éducation d'un gentilhomme, car à l'époque où sa naissance était venue combler les vœux de son père, on ne pouvait prévoir que la société française bouleversée tout-à-coup par une tempête violente, verrait finir la puissance de ses traditions historiques. Mais il ne faut pas confondre cette qualification que je donne à l'éducation du héros de cette légende, avec cet enseignement imparfait ou frivole par lequel on achevait de perdre à cette époque une noblesse corrompue dont les malheurs n'ont pu faire oublier les fautes. M. d'Herbeville père, était un gentilhomme dans le sens rigoureux du mot et pour conserver ce vieux type dans sa famille, il avait voulu que son fils fut initié à toutes les connaissances qui honorent l'humanité, sans qu'il pût oublier la destination militaire à laquelle il était voué. Eugène, doué d'une intelligence vive et d'une sensibilité exquise, avait dépassé dans ses études toutes les espérances de son père et de ses professeurs. Sans la révolution qui avait mis l'homme à la place des castes et le présent à la place des souvenirs, il eût été un gentilhomme distingué et digne de remplir les plus hautes fonctions dans l'état. Depuis la révolution il n'était qu'un homme supérieur et un officier remarquable.

La noblesse impériale ne se faisait pas admirer par l'élégance de ses manières, mais elle avait pris tout-à-coup du goût pour l'étiquette et elle ne dédaignait pas sous ce rapport les exemples qu'elle pouvait tirer de ses liaisons avec la noblesse détruite par la révolution. Il faut avouer qu'elle avait mis peu de temps à oublier son origine, et qu'elle avait pris assez promptement les formes apparentes de l'aristocratie. Mais comme son institution était une violation manifeste des principes révolutionnaires et que son existence supposait, dans la plupart des titulaires, une odieuse apostasie des doctrines en vertu desquelles la noblesse avait été abolie, elle se ressentait nécessairement de cette contradiction choquante. Les nobles de l'empire se faisaient donc insolens pour ressembler aux gentilshommes de l'ancien régime; mais ils n'avaient pas le sentiment de leur supériorité et ils prenaient l'impertinence du parvenu pour cette étourderie grâcieuse qui distinguait autrefois l'aristocratie française.

La noblesse militaire, dont je n'entends point parler ici, car elle avait au moins des titres glorieux, ne fut pas toujours à l'abri du ridicule qui frappa dès l'origine cette étrange création du génie de Napoléon et dont il a emporté le secret dans la tombe.

Depuis que Joachim était roi il avait aussi fait des nobles, quoique l'excellent royaume de Naples ne fût pas sur le point de faillir sous ce rapport. Le manteau glorieux du chef de l'empire couvrait de son prestige toute cette friperie ridicule qui a cependant résisté, comme bien d'autres choses, à la tourmente de juillet, et tout cela imposait, tout cela avait alors l'apparence de la grandeur. Mais cette déplorable institution, l'une des plus graves fautes politiques de Napoléon, n'a pas peu contribué à corrompre les mœurs nationales. Le peuple revint aux habitudes de laquais que la révolution lui avait fait perdre; en voyant ses égaux de la veille se pavaner sous leur livrée de ducs ou de comtes, les ambitions les plus basses s'évertuèrent, car lorsque l'empereur ne savait que faire d'un homme, il en faisait un baron.

Nous ressentons encore aujourd'hui les tristes conséquences de ce système et nous voyons bien que s'il a plu à Napoléon de faire des rois et des ducs, il ne lui était pas donné de faire des nobles.

On conçoit donc que le capitaine d'Herbeville, malgré le rang peu élevé qu'il occupait dans l'armée dût être accueilli avec distinction, et par les Français qui s'étaient faits les vassaux du roi Joachim et par la noblesse de Naples. Il obtint un succès d'enthousiasme. Le titre de comte qu'il avait reçu de ses pères quoiqu'il ne fut pas légal alors et que ses armes ne se trouvassent pas blazonées par le hérault-d'armes de l'empire, lui était libéralement accordé! Malgré les préjugés du temps ou plutôt à cause de ces préjugés, il aurait pu se passer de mérite avec un titre pareil. Mais il est juste de dire que la tournure originale et supérieure de son esprit, que le ton excellent qu'il apportait dans le monde, et enfin ses connaissances variées qui lui rendaient familiers tous les sujets de conversation, ne lui furent pas inutiles. Le lendemain de sa première visite à la cour, il reçut l'offre d'une place de chambellan, il l'a refusa avec une dignité qui n'avait rien d'offensant pour la royale bienveillance dont il était l'objet.

Cette réserve vis-à-vis d'un gouvernement devenu politiquement étranger à la France, n'avait rien d'inexplicable , et l'on pouvait à la rigueur, comprendre comment le capitaine d'Herbeville se croyait plus près de ses aïeux, à la tête d'une compagnie de soldats français , que dans les antichambres du roi Joachim. Mais ce qui semblait moins excusable aux yeux du monde, c'était l'indifférence avec laquelle il jugea à propos d'accueillir le vif intérêt qu'il excita parmi les femmes. Vainement les plus beaux noms de Naples furent mis à ses pieds , le jeune homme ne s'abandonna point au charme des séductions dont il fut poursuivi. Les ravissantes tentations qui assiégeaient partout ses regards, passaient devant lui comme des ombres légères, comme ces neiges tardives qu'un rayon de soleil du printemps fait disparaître. A son âge et sous ce climat de délices et de voluptés , où les tendres regards et les sourires provoquans des femmes , sont un feu qui dévore les existences de jeunes hommes , d'Herbeville conserva une étrange impassibilité.

Une pareille conduite ne manqua pas d'en faire un homme à la mode, mais elle lui donna aussi une réputation de vertu qui est une chose presque fâcheuse dans notre société railleuse, dont les vices déshonorent les passions. On l'accusa d'une constance chevaleresque, c'est-à-dire ridicule dans le langage de notre temps. Les hommes commencèrent à douter de son mérite, et la pureté virginale de ce noble jeune homme, fut envisagée comme une niaiserie à faire hausser les épaules, ou comme la preuve de quelque défaut essentiel d'organisation. Les femmes au contraire, à qui les pensées qui viennent du cœur, ne peuvent pas échapper, tout en admirant une vertu qui révélait le triomphe de l'une d'entre elles, sentaient leur orgueil intéressé à disputer à cette inconnue un cœur aussi fidèle.

Parmi tant de femmes séduisantes qui embellissaient la cour fastueuse de Joachim, et qui avaient essayé sur d'Herbeville le pouvoir de leurs charmes, une seule put croire un moment qu'elle l'avait emporté sur cette froideur systématique, avec laquelle le jeune officier semblait accueillir les prévenances les plus flatteuses. Au reste, sa jeunesse, sa beauté rare et le rang élevé d'Amélia auraient pu lui inspirer des illusions plus décevantes, des espérances moins susceptibles de se réaliser. Elle était la plus riche héritière de l'illustre et ancienne maison de Manfrédonia, la régularité gracieuse de ses traits romains, une voix d'ange qui se mariait avec art aux accords délicieux que ses doigts d'ivoire tiraient de la harpe, en fesaient un de ces êtres rares et enviés, dont on accuse l'imagination des poètes de peupler une nature idéale.

Amélia avait remarqué d'Herbeville dans les lignes les plus reculées du cercle d'adorateurs qui se formait partout autour d'elle. La noble figure du jeune homme avait semblé se détacher du tableau mobile de cette foule attentive et enthousiaste qui cherchait un de ses regards comme une faveur précieuse, et qui écoutait les paroles qu'elle daignait laisser échapper de ses lèvres, comme ces sons harmonieux qui parlent à notre âme. Ce ne fut point cependant la renommée qui avait valu à d'Herbeville ses présentations dans les principales réunions de Naples, qui avait aussi appelé sur lui l'attention d'Amélia. Il était à peine connu, et commençait seulement à se produire dans le monde, lorsqu'une de ces circonstances aussi insignifiantes qu'inattendues dont la société offre tant d'exemples, établit entre eux des rapports de bienveillance et de courtoisie. Depuis lors , le capitaine d'Herbeville s'était montré souvent au palais de Manfrédonia, où il était accueilli avec l'empressement le plus honorable pour lui. Mais malgré les nombreuses occasions qu'il aurait pu saisir pour faire connaître à Amélia les prétentions, dont ses visites pouvaient faire présumer qu'il nourrissait l'espérance, il ne fit aucune démarche , et ne prononça aucunes paroles qui sortissent des habitudes de la politesse et de la galanterie.

Cependant l'imagination vive et ardente d'Amélia avait été plus loin. Il y avait dans la mâle beauté de d'Herbeville quelque chose de noble et de supérieur, qui d'abord l'avait vivement frappée ; son esprit et la tournure romanesque de ses idées avaient achevé de le lui montrer sous le jour le plus favorable, elle l'aimait.

L'héritière des Manfrédonia, dans le naïf orgueil de la jeunesse et de la beauté, ne pouvait supposer que sa passion pour le brillant d'Herbeville ne fut pas partagée par lui , qu'elle choisissait comme le plus digne de son cœur parmi tant de cavaliers dont elle dédaignait les hommages. Elle attendit longtemps un aveu qu'elle croyait lire dans les regards de celui qu'elle aimait. Retenue dans la réserve imposée à son sexe, elle ne croyait point y faillir en fesant naître, avec cette habileté que l'amour peut seul inspirer, toutes les occasions où il eût été possible à d'Herbeville de lui ouvrir un cœur sur lequel elle croyait régner, et dont la possession renfermait déjà pour elle toutes ses espérances de bonheur, toute sa vie intellectuelle. Dans les entretiens délicieux qui furent le résultat de diverses circonstances, dans ces tête-à-tête que tant d'hommes auraient payé de tout ce que l'existence sociale a de plus séduisant, de tout ce que l'ambition peut envier en elle , d'Herbeville déploya tous les avantages dont il était doué, il fut aimable , spirituel , mais il ne se montra point passionné , et la triste Amélia ne recueillait point le fruit de ses douces préoccupations. Le loyal d'Herbeville ne devait pas tarder à la désabuser ; initié plus avant qu'Amélia dans le langage et les habitudes des passions , il n'avait pu se tromper sur le caractère des prévenances dont il était l'objet, il sentait qu'il était aimé, il en avait mille preuves. Mais il y a dans les hommes bien nés, dans les cœurs généreux, une délicatesse de sentimens qui est comme la pudeur de notre sexe, et qui ne nous permet pas de nous prévaloir d'une pareille découverte. Aussi Amélia devenait malheureuse, et contrainte de renfermer en elle cette pensée d'amour qui était venue la surprendre dans le tourbillon du monde ; elle ne s'y montrait plus comme une reine pour y recevoir des hommages, mais comme la captive tremblante qui s'efforce par ses grâces et ses harmonieuses paroles à écarter les nuages qui plissent le front du sévère Osmanly. Elle souffrait, mais elle espérait encore, quand un incident imprévu vint tout-à-coup déchirer le voile qui couvrait ses yeux et briser toutes ses espérances.

On était à la fin d'une belle journée, la foule rieuse et ondoyante comme les masses diaprées des nuages qui voilaient au couchant les derniers rayons du soleil, se répandait dans les jardins enchanteurs du palais de la reine. Elle semblait se partager en deux flots égaux, l'une d'elle s'attachait aux pas de Joachim, et l'autre circulait autour de Caroline, la sœur du Maître. Amélia avait comme involontairement tendu son bras à d'Herbeville, et ils avaient pris ensemble un chemin différent. Leur conversation roula d'abord sur des sujets insignifians, mais il n'y a point en amour d'inutiles paroles, et Amélia cherchait malgré elle à donner un sens favorable à toutes les expressions galantes que pouvait employer son cavalier.

Ils se dirigèrent vers cette magnifique terrasse d'où l'on découvre tout le golfe de Naples, dont les eaux bleuâtres se déroulent à l'horizon. Cette vue est admirable, et la nature n'a créé dans aucune contrée un tableau plus pittoresque et plus merveilleux. Ils s'arrêtèrent auprès de la balustrade en marbre qui règne sur toute la longueur de cette belle promenade. Leur conversation avait cessé tout-à-coup, le bras de d'Herbeville ne supportait plus celui d'Amélia, et le jeune homme qui paraissait plongé dans une profonde rêverie, promenait au loin sur les eaux du golfe un vague regard qui semblait y chercher quelqu'objet inconnu. Amélia l'examina longtemps en silence, mais non sans émotion, la parole expirait sur ses lèvres, et un triste pressentiment vint tout-à-coup s'emparer d'elle.

— Seigneur Eugénio, dit-elle enfin d'une voix timide, et en conservant en français les formes de sa langue natale, je suis heureuse que le spectacle majestueux que vous offre mon pays vous fasse tout oublier, jusqu'à ma présence.

— Oh! pardonnez-moi, Signora, s'écria d'Herbeville, que le son de cette voix fit tressaillir, pardonnez-moi, car je suis coupable en effet. Mais je ne dois plus oublier à ce point le respect qui vous est dû, et il est temps, Amélia, que je vous fasse lire dans mon cœur.

Elle le regarda avec un étonnement douloureux, et il n'était plus besoin que d'Herbeville parlât, le ton mélancolique avec lequel il avait prononcé ce peu de mots avait brisé le cœur d'Amélia ; elle obéit silencieusement au signe qu'il lui fit de s'asseoir au près de lui sur le siége de marbre qui était à peu de distance de la balustrade, et puis elle baissa vers la terre des yeux mouillés de larmes.

— Signora, reprit d'Herbeville avec gravité, les peines du cœur sont cruelles, elles viennent troubler notre jeunesse, comme les orages du printemps qui dévorent en un instant les plus belles espérances. Oh ! ces souffrances qu'on ne peut avouer, cette idée cruelle et decevante qui nous suit partout, qui attriste tous nos instans, qui nous apparaît dans nos songes, dont on ne peut se séparer, ce mal dont on ne peut se guérir, Amélia, j'en connais toute la puissance, car ce mal je l'éprouve moi-même.

— Eugénio, dit Amélia, sont-ce des paroles d'adieu que vous allez me faire entendre.... mon Dieu, secourez-moi : il a lu dans mon âme, et il va se jouer de ma douleur.

— Oh ! que je meure, Amélia, que je meure abandonné comme le plus vil des hommes, s'écria d'Herbeville avec sensibilité, si une pareille pensée a jamais souillé mon cœur. Mais vous ne le croyez pas, Signora, reprit-il avec plus de calme, n'est-ce pas que vous ne le croyez pas? Sans cela vous ne m'auriez pas trouvé digne de vous, et je n'aurais pas besoin aujourd'hui de vous faire connaître celui que vous avez honoré de votre bienveillance. Écoutez, Signora, il dépendra en effet de vous que cet entretien soit le dernier que vous daignez m'accorder, mais je dois un aveu pénible et sincère du moins à la noble et généreuse femme dont les regards m'ont cherché dans la foule, moi, pauvre et obscur soldat, qui n'ai conservé de tout le bien de mes pères qu'un nom désormais sans importance parmi tous ceux que la gloire a tout-à-coup révélés à mon pays. Désirez-vous m'entendre, Amélia?

— Ainsi vous m'aviez devinée, dit Amélia d'une voix faible, et c'est de la pitié que je vous ai inspirée!... Il serait indigne de moi, ajouta-t-elle avec plus d'énergie, de descendre à des dénégations que démentirait ma profonde douleur. Eugénio, je vous aime de toutes les forces de mon âme, je vous aime comme nul homme

sur la terre ne fut jamais aimé.... Et maintenant parlez, que voulez-vous faire de la fille
des Manfrédonia?

—Je veux l'éclairer, reprit d'Herbeville, sur
le sort que doit avoir une passion dont je serais
heureux et fier d'être l'objet, Amélia, si elle ne
devait point vous coûter de larmes. Mon histoire est triste, mais elle me justifiera à vos yeux,
Signora, et vous me pardonnerez si dans ce moment, après un aveu que tout homme voudrait
payer du plus pur de son sang, je ne tombe
pas à vos pieds ivre d'amour et de bonheur. La
révolution française a dévoré les auteurs de
mes jours. Leur mort me laissa au sortir de ma
première enfance, entre les mains d'un parent
éloigné qui prenait soin de mon éducation, et
que l'obscurité de son nom protégeait contre la
haine des bourreaux de la France. J'avais une
sœur, Amélia, qui, confiée aux soins de la
femme du généreux parent dont je vous ai parlé,
grandissait innocente et insensible à des malheurs
qu'elle ne comprenait pas encore. Elle était
comme ces fleurs des climats lointains que le
toit d'une serre protége contre les rigueurs d'un

ciel orageux. Je l'aimais tendrement alors, elle me rappelait seule les traits d'une mère adorée, elle seule me rendait ma famille. Mais quand les années eurent développé son intelligence et son cœur, quand je pus comprendre tout ce qu'il y avait de tendresse et de courage dans cette âme pure comme les anges, je conçus pour elle un sentiment d'affection et de dévouement semblable à la piété...

Oui, Amélia, ma sœur adorée, mon Ernestine, devint l'unique objet de toutes mes pensées, de tous mes rêves de jeune homme. A cette époque le spectacle que présentait la France était bien propre à faire germer l'ambition dans un cœur généreux. Toutes les carrières étaient ouvertes à la bravoure, au talent. L'avenir de ma sœur dépendait de moi, tous nos biens avaient été confisqués, Ernestine était mon seul héritage, mon amour, mon trésor. Je voulais qu'elle fût reine, je voulais la placer aussi haut dans le monde que dans mon amitié. Mais hélas ! ce n'étaient là que des songes, je n'étais encore qu'un enfant, et pendant que je me livrais avec ténacité à toutes les études qui devaient m'aider à réaliser l'avenir que je rêvais, celui de la France changeait. Un homme avait reçu de Dieu le pouvoir de dire aux flots de la révolution française : Vous n'irez pas plus loin! Désormais toutes les ambitions devaient se perdre dans la sienne, et nul ne pouvait aller l'atteindre dans les nues où il avait caché sa tête.

Alors, Amélia, le temps était cependant arrivé où je devais me séparer de ma sœur et embrasser une carrière où j'avais à suivre l'exemple de mes ancêtres, mais qui devait être pour moi un but essentiel en m'offrant les moyens de me distinguer et de procurer à ma sœur un établissement, moins brillant peut-être que je ne l'avais espéré quelques années plus tôt, mais digne d'elle et de moi. Notre séparation fut bien douloureuse, Amélia, je pleurai comme un faible enfant du désespoir d'Ernestine et en présence de Dieu qui reçut mon serment, je lui jurai qu'aucune femme jamais ne me ferait oublier ma sœur chérie, je lui jurai de fermer mon cœur à l'amour jusqu'au moment où elle serait heureuse et où je lui aurais donné au nom des lois et de la religion un protecteur que son amour m'aurait indiqué. Et ce serment sacré, Amélia, je crois que je l'ai trahi !...

— Est-ce encore une illusion, s'écria-t-elle, n'y a-t-il pas de l'espérance au fond de ces dernières paroles ? Non, Eugénio, ce serment que votre noble cœur craint d'avoir trahi serait au contraire accompli par votre bonheur. Et pourquoi, s'il m'est donné de réaliser les rêves de votre jeunesse, n'accepteriez-vous pas cette œuvre de dévouement et d'amour. Oui, je puis abjurer auprès de vous ces vains détours que la société a imposés à notre sexe, esclave qu'elle feint d'adorer en l'accablant sous le poids de chaînes qu'il ne peut briser. Oh! jamais le nom des Manfrédonia ne me parut plus beau ; jamais l'immense fortune de mes pères ne me rendit plus heureuse et plus fière ! Ce nom cher à l'Italie, ces biens qui égalent ceux des princes et des rois, je veux vous donner tout, Eugénio, pour être à vous à jamais, pour vivre de votre vie.

— Arrêtez, Amélia, reprit d'Herbeville avec tristesse, vous ne m'avez pas compris. Vous fai-

tes un songe dont le réveil vous serait peut-être
douloureux.... Étrange destinée ! continua-t-il
après un moment de silence , et en regardant
Amélia dans une sorte de ravissement mélancolique, tant de jeunesse et de beauté , de l'amour !
Tout ce qu'il y a de poésie et de grâces dans cette
vie passagère... Décevante espérance qui descends
sur moi comme un rayon du ciel, pourquoi ne
peux-tu pénétrer jusqu'à mon cœur ! Amélia ,
fuyez-moi. Ma vie est comme une énigme fatale
dont je cherche en vain l'explication en moi-
même. Pardonnez-moi , si je refuse un aussi
doux avenir, si je ne puis vous consacrer des
jours qui ne sont pas promis au bonheur.

— Eugénio , reprit Amélia avec dignité , vous
avez un noble cœur, je n'avais pas besoin de
connaître l'histoire de votre vie , pour vous croire
capable du sacrifice généreux que vous faites à
votre heureuse sœur. Je ne rougis point de l'a-
veu qui est sorti de ma bouche, c'était le secret
de mon âme , qu'il reste aujourd'hui dans la
vôtre ; mais c'est assez souffrir, c'est trop d'humiliations pour une Manfrédonia ! Penseriez-
vous donc descendre en vous donnant à moi?..

— Ne le croyez point, Signora, reprit d'Herbeville, je suis plus coupable encore que vous ne paraissez le penser.... Certes ! il est écrit dans mon cœur avec le sang de mes pères, en caractères ineffaçables, que je ne puis sans me manquer à moi-même, accepter le bienfait d'une fortune que l'amour d'une femme aurait jetée dans mes mains, et cependant, Signora, ce n'est pas sans éprouver une vive reconnaissance que je vous ai entendu m'offrir avec un généreux abandon des avantages sociaux que les malheurs des temps ont fait perdre à ma famille. Mais je suis trop fier de la préférence honorable que vous voulez bien m'accorder, Signora, pour ne pas vous déclarer que ce motif si grave à mes yeux, n'est cependant point le seul qui doive me faire reconnaître par vous, comme indigne de tant de bontés !

D'Herbeville s'arrêta tout-à-coup comme s'il se fut repenti d'avoir proféré ces dernières paroles, quoique cet entretien n'eût d'autre but pour lui que d'en révéler le mystère. Mais sa situation était si peu ordinaire, si délicate pour un homme bien né que son hésitation s'explique facilement.

Amélia qui l'écoutait avec une attention dans laquelle on aurait pu lire ses inquiétudes et ses espérances , jeta sur lui un étrange regard. Elle pouvait supporter sans se plaindre l'indifférence de d'Herbeville, ou plutôt l'amour si ingénieux à tromper notre cœur lui permettait de comprendre les motifs de sa réserve, quelques bizarres qu'ils fussent. Mais l'idée qu'une autre femme avait pu lui disputer le cœur de l'homme devant lequel sa fierté s'était abaissée , pénétra jusqu'à son âme avec les derniers mots de d'Herbeville. Un froid glacial sembla s'infiltrer dans ses veines, une pâleur mortelle parut sur ses lèvres, et quelques larmes brillèrent dans ses yeux. Mais ce douloureux paroxisme n'eut que la durée d'un moment, il passa en elle comme une pensée triste dont la raison toute puissante triomphe aussitôt. Aucunes larmes ne tombèrent de ses yeux, comme si elles se fussent desséchées sous sa paupière brûlante. Un vif incarnat revint animer ses nobles traits, et un sourire amer effleura ses lèvres.

La jalousie, sentiment sombre et terrible qui se manifeste surtout dans le cœur humain, là où un beau ciel ne semble environner l'amour que de riantes images, venait de s'emparer d'A-mélia. Ce n'était plus une amante timide et dé-vouée même aux injustes caprices de l'objet de sa flamme, victime couronnée de fleurs, et prête à sacrifier à son amour, les préjugés comme les réalités de la vie sociale; c'était une femme pro-fondément blessée dans une affection qui était tout pour elle, espérance, fortune, bonheur; c'était une Italienne dévorée de toutes les passions que peut enfanter un brûlant climat, qui par-donnerait l'indifférence envers elle, mais qui con-sidère comme un outrage sanglant l'amour qu'on porte à une autre. Capable alors de la plus pro-fonde dissimulation, cette créature charmante qui vous sourit avec une idée de vengeance et de mort dans le cœur, ne conserve de son sexe que ces formes gracieuses et décevantes, qui sont pour elle comme un voile impénétrable dans lequel l'œil le plus exercé ne peut lire des passions ardentes et implacables.

— Ainsi, dit Amélia avec un sang-froid qui trompa d'Herbeville, vous aimez une autre fem-me... car ce motif seul, après la crainte de trahir votre premier serment, peut m'expliquer, seigneur Eugénio, l'étrange erreur dans laquelle je suis tombée relativement à vos sentimens.

— Amélia, encore une fois pardonnez-moi, répondit d'Herbeville, je crois que vous avez dit la vérité.

— Votre pardon, reprit Amélia en souriant, quoiqu'il doive m'en coûter est dans un aveu sans réticences... Au moins, seigneur Eugénio, vous ne me refuserez pas votre confiance. On ne saura jamais dans Naples, ajouta-t-elle, en jetant un regard de feu sur d'Herbeville, qui baissait les yeux vers la terre avec embarras, on ne saura jamais dans Naples qu'Amélia de Manfrédonia est l'héroïne d'une aussi étrange aventure ! Mais que me fait Naples, que me fait le monde avec sa froide curiosité ou sa pitié moqueuse, votre bonheur, Eugénio, m'est plus cher que ma renommée.

— En vérité, Signora, répondit d'Herbeville en s'emparant de la main d'Amélia qu'il trouva brûlante, cet entretien a déjà dépassé toutes les bornes des convenances, permettez-moi de vous présenter mes excuses....

— Non, non, s'écria Amélia avec impétuosité, je puis tout entendre maintenant ; je ne recevrai vos excuses qu'après l'aveu complet que je vous demande. Oh ! je suis fière du moins qu'une personne de mon sexe ait pu l'emporter sur vos résolutions...

— Mais , continua d'Herbeville, que pense-rez-vous de moi , Signora, quand je vous aurai initié dans un secret de mon cœur, dans une idée folle , romanesqne ?

— La femme.... la femme que vous aimez, je veux la connaître, seigneur Eugénio , dit rapi-dement Amélia.

— Je ne la connais point moi-même, reprit d'Herbeville, c'est une apparition passagère, un songe peut-être qui est demeuré dans ma mé-moire... Écoutez, Amélia, je ne ressemble point aux autres hommes , les malheurs de ma jeu-nesse , mon éducation toute spéciale ont fait de moi un être à part sur lequel les procédés habi-

tuëls de la société sont sans influence. J'ai reçu
de la nature une âme à la fois fière et sensible
qui se plaît dans l'isolement, et qui ne pouvant
vivre de la vie vulgaire, matérielle du monde,
s'est créé une existence intellectuelle dont aucun homme sur la terre ne saurait comprendre
les mystères et les voluptés.

— Et quel être, répond Amélia, quel être
assez parfait a pu réaliser dans Naples ces étranges mais douces rêveries de votre imagination?

— Oh! Amélia, s'écria d'Herbeville avec exaltation, il y a dans votre pitié pour moi, pour
les folies dont je ne crains pas de vous parler,
un charme dont vous ne connaissez pas toute
la puissance. Pourquoi ne vous ai-je pas ren-
contrée plutôt? Je ne dois aimer qu'une fois.
Si j'ai pu dans le monde conserver si longtemps
un cœur tranquille, si je me suis trouvé à l'a-
bri de toutes les séductions; c'est que là j'étais
sur mes gardes, et je me suis trouvé sans défense dans une circonstance que je ne pouvais
prévoir. Un soir, Amélia, que je promenais sur
le port mes rêveries et mes souvenirs, je fus tiré

malgré moi du profond recueillement dans lequel j'étais plongé par ces bruits étranges, cette activité bruyante qui règne à cette heure dans Naples et annoncent son réveil. J'examinai avec une attention d'artiste et d'étranger ces groupes si mobiles et si variés de Lazzaroni, de pêcheurs d'Ischia, de Procida, de Capri, de riches paysans de la terre de Labour : tous ces cris qui se mêlaient au bruit de la vague, ces foules de jeunes filles qui passaient devant mes yeux comme les ondulations des feuillages, tout cela formait autour de moi un spectacle qui captivait toutes mes pensées. Tout-à-coup mes regards qui se portaient du côté de la mer, tombèrent sur une page ravissante de ce tableau. Une barque légère et svelte, avec sa voile blanche et triangulaire était amarée au rivage. Une jeune fille était assise sur le petit pont de l'embarcation et penchée sur la rame qu'elle tenait suspendue au-dessus de l'eau, elle semblait dans sa pensée rêveuse compter les vagues écumeuses qui venaient mollement se briser contre les larges dalles du port. Amélia, que cette fille est belle ! Pardonnez-moi, d'oser le dire devant vous, jamais créature plus ravissante de grâces

et de poésie n'avait frappé mes regards. Ses longs
cheveux noirs séparés en tresses entremêlées de
rubans tombaient sur ses épaules et sur son sein
dont une gaze transparente laissait deviner les
délicieuses formes et l'éclatante blancheur. Il y
avait dans son costume pittoresque une grâce
parfaite. Son corset en soie bleue dessinait· sa
taille dont les contours moelleux et déliés ont été
rêvés par les poètes, mais que le ciseau ou le
pinceau de l'artiste n'eût jamais pu imiter. Ses
traits me rappelèrent cette beauté idéale dont
les chefs-d'œuvre de la Grèce nous ont transmis
le type divin....

D'Herbeville entraîné par son enthousiasme
avait oublié qu'il parlait à une femme pour laquelle chacune de ses paroles était une cruelle
blessure, mais elle ne répondit pas. Attentive et
silencieuse elle semblait une victime dévouée qui
subit sans se plaindre toutes les gradations du
supplice.

— Je la regardais, continua d'Herbeville avec
une émotion indéfinissable, le trouble que j'é-
prouvais ne peut se peindre avec des paroles.

Comme enchaîné à la place d'où j'avais aperçu
cette jeune fille, dont la forme fantastique se
dessinait dans l'ombre douteuse qui commençait à descendre sur Naples, je ne pouvais faire
aucun mouvement, malgré le mystérienx pouvoir qui m'entraînait vers elle. Alors elle leva sa
belle tête, et ses yeux rencontrèrent les miens,
je m'en aperçus du moins à l'incarnat plus vif
qui vint colorer ses traits. Aussitôt un grand et
vigoureux jeune homme se précipita dans la barque, laissa tomber quelques paroles dans l'o-
reille de sa compagne sans doute..... Oh! cette
idée est bien triste ! Puis d'un pied vigoureux il
repoussa au large sa frêle embarcation. J'enten-
dis longtemps le bruit des rames, mon œil put
suivre la voile qui ressortait comme un nuage
blanc du sein de la brume épaisse qui couvrait
la mer. Je la voyais elle... Ses regards étaient
encore tournés du côté du rivage. Je mis ma
main sur mon cœur, et je crus voir que ce mouvement ne lui avait point échappé, il me sembla qu'elle baissait les yeux, et bientôt la barque ne me parut plus qu'un point dans l'horison qui s'évanouit enfin en se confondant avec
les ombres du soir. Depuis lors, Amélia, je

viens chaque soir sur le rivage à la place où cette apparition est descendue sur moi, des milliers de barques y sont amarées, il en sort souvent des jeunes femmes dont le costume et la longue chevelure me trompent un moment, mais je ne revois plus celle qui remplit mes songes et toutes mes pensées.

— Et voilà donc celle qu'il aime ! murmura Amélia.

Dans ce moment un sous-officier de la compagnie de d'Herbeville s'approcha de lui. Il avait cessé de parler depuis quelques instans ; ses bras étaient croisés sur sa poitrine, et ses regards erraient au loin sur le golfe comme s'il eût encore cherché cette barque de pêcheur où la jeune fille des îles lui était apparue.

— Capitaine, lui dit-il, excusez-moi d'être venu vous chercher jusqu'ici, mais il arrive de France quelqu'un qui désire vous parler à l'instant... Il paraît bien triste, mon capitaine, et je crains qu'il ne vous apporte de mauvaises nouvelles.

— De France, s'écria d'Herbeville, que ces mots rappelèrent à lui, je cours..... Oh ! vous avez bien fait, Martin. Amélia, vous voudrez bien me permettre....

Mais Amélia n'était plus auprès de lui ! .   .

.   .   .   .

Depuis ce jour d'Herbeville ne fut jamais rencontré dans aucun salon de Naples, on en parla durant quelques jours , et , suivant l'usage, on finit par l'oublier. On disait assez généralement que cet officier d'une si belle espérance paraissait devoir tromper l'attente de tous ses amis , en renonçant volontairement à l'avancement et au sort brillant qu'il aurait pu ambitionner. Il avait, ajoutait-on, reçu de France des nouvelles qui l'avaient plongé dans un sombre et profond désespoir. Dès ce moment il avait pris le deuil, et il n'avait paru en public que lorsque les devoirs de son grade l'exigeaient. Enfin il avait sollicité comme une faveur son départ de Naples , et sa compagnie avait été désignée pour faire partie de la garnison de Sorrento.

Le roi Joachim avait publiquement manifesté

l'intention de s'emparer de l'île de Capraïa , dépendance naturelle de son beau royaume , et qui était encore occupée par les Anglais. Les ordres les plus sévères avaient été donnés pour que la surveillance exercée sur toutes les côtes et surtout sur celles des golfes de Naples et de Salerne, fut rigoureusement observée. Cette mesure était nécessaire pour empêcher les communications des Anglais avec la Terre-Ferme, et pour déjouer les trames qu'ils ourdissaient par le moyen de leurs espions dans tout le royaume , où il était impossible que la dynastie déchue n'eût pas conservé quelques partisans. D'un autre côté les Anglais qui, en fesant les affaires de leur gouvernement ne manquent jamais à celles de leur commerce, entretenaient sur toutes ces côtes sinueuses et difficiles à garder une contrebande active , contraire au célèbre décret de Napoléon qui avait interdit le continent aux produits des manufactures de la Grande-Bretagne.

Néanmoins ce commerce périlleux offrait des résultats si avantageux , que malgré l'inexorable cruauté avec laquelle les lois prohibitives étaient exécutées, il se passait peu de jours que des pêcheurs des îles voisines ne jettassent sur la côte des ballots qui étaient reçus par d'honnêtes négocians la carabine sur le dos et le poignard à la ceinture. Les malheureux qui étaient surpris dans ces hasardeuses tentatives étaient conduits à Naples ou à Sorrento et immédiatement fusillés. Cette punition paraissait devoir atteindre le patron d'une barque, qui un soir où le sirocco régnait avec violence, avait été constamment à la dérive et avait vainement espéré d'échapper aux soldats qui gardaient la côte, en se jetant dans une petite baie pratiquée dans les rochers à l'extrémité de l'espèce de cap que forme auprès de Sorrento l'une des cornes du golfe de Naples. Malheureusement pour lui un poste français, dont les anfractuosités du sol lui avaient empêché de découvrir le bivouac, occupait le rivage. A peine le pêcheur, car telle paraissait être la profession du conducteur de la barque, eût-il essayé de l'amarer parmi les rochers dont la côte était garnie, que plusieurs soldats français sautèrent en riant sur son bord. Le désespoir et la stupéfaction de cet infortuné seraient difficiles à décrire. Les bras croisés sur

la poitrine, l'œil morne et baissé, il attendait
que les soldats eussent terminé les fouilles qu'ils
avaient commencées dans l'intérieur de la barque. C'était un grand et beau garçon dans la
force de l'âge, ses jambes et ses bras nuds attestaient une vigueur peu commune et expliquaient
en même temps comment il pouvait s'abandonner seul aux dangers de la mer sur le frêle esquif
qu'il montait.

— Allons, l'ami, dit le sergent d'un air go-
guenard, à quoi diable songes-tu dans ce moment? Il faut nous suivre à terre, nous aurons
soin de tes marchandises.

— Vous suivre, s'écria douloureusement le
pêcheur, quitter ma barque, ma jolie Santa-
Maria! vous n'y pensez pas, mes maîtres, j'aime
mieux mourir ! sirocco maudit!...

— C'est vrai que le sirocco t'a joué un vilain
tour, continua le sergent, il y a plus d'une heure
que nous t'avons aperçu, mon brave garçon,
maniant la rame, comme le maître d'armes du
bataillon joue avec le fleuret. Que veux-tu?

Dans ton métier on doit s'attendre à ces accidens, mourir en face d'un peloton ou être
avalé par les poissons, voilà votre sort, quand
vous ne faites pas fortune. C'est dommage, dit-
il, en montrant le pêcheur à ses camarades,
c'est un gaillard de bonne mine.

— Au nom de Dieu, mes maîtres, dit le pêcheur, pour qui me prenez-vous donc ? Je ne
suis ni un contrebandier, ni un espion.

— Bah! répliqua le sergent en clignant de
l'œil, nous prends-tu pour des conscrits, nous
les vainqueurs d'Austerlitz? Tu dois connaître
notre consigne. Sans parler des lois de Joachim,
tu dois savoir que le grand Napoléon ne veut
pas qu'on ait de trop longues conversations avec
ces chiens d'Anglais. Es-tu Napolitain ?

— Mes pères l'étaient, brave sergent, mais
je ne suis qu'un pauvre pêcheur de Capri.

— De Capraïa, tu veux dire sans doute, s'écria
le sergent, un nid d'Anglais, mon brave garçon,
j'en suis fâché pour toi, mais tout ce qui vient
de là m'est suspect, allons, en avant !

— San Gennaro ! reprit le pêcheur en se cramponnant aux rames de la barque, où voulez-vous me conduire ? Quitter la Santa-Maria pour ne plus la revoir peut-être...

—Dame ! c'est possible, dit froidement le sergent, mais nos ordres sont précis, nous allons te conduire à Sorrento où probablement on s'arrangera de manière à t'oter toute inquiétude sur la Santa-Maria. Est-il drôle ce pauvre garçon ! aurais-tu peur, l'ami ? Tu m'as cependant l'air d'un brave, et si tu tremblais, je n'aurais pas plus pitié de toi que d'une mouette.

— Peur, dit le pêcheur en se levant comme pour montrer sa taille élevée, et la vigueur de ses membres athlétiques, peur, non, non, seigneur français, le fils de mon père n'a jamais tremblé lors même que sa barque danse sur les flots de la mer en courroux, que le ciel semble tout en feu, et c'est cependant un terrible spectacle, mes maîtres ! Écoutez, je suis un honnête chrétien, serais-je donc coupable parce que ces chiens d'Anglais, comme vous les appelez, parce que les habits rouges rampent comme des crabes le long

des rochers de ma belle Capri? Non, non, ce ne
peut être ma faute, car je les hais plus que vous.
Je jure par le sang de san Gennaro que je suis
innocent. Mais je ne veux pas mourir, je ne veux
pas quitter la Santa-Maria, voyez-vous ; j'ai une
sœur, mes maîtres, une sœur qui n'a que moi sur
la terre, un ange qui m'attend à cette heure à la
porte de notre cabane, et qui compte en soupirant les étoiles du ciel qui commencent à briller, et qui sont notre seule horloge à nous enfans
de la mer...

— Sergent, dit un soldat, nous ne trouvons
rien dans la barque. Il n'y avait qu'une bouteille d'eau-de-vie, qui est maintenant vide, des
coquillages et des fruits...

— Diable! murmura le sergent en jetant sur
le pêcheur un coup-d'œil scrutateur, voilà du
nouveau, tu m'intéresses, mon garçon, ajouta-t-
il en lui prenant la main, et je voudrais pouvoir
te renvoyer dans ton île, mais la consigne est
là. Sois tranquille, je ferai un rapport favorable... Tu es ici avec des Français, entends-tu ?
et non pas avec des coupes-jarrets de notre ami
Murat, qui pourrait battre à lui seul toute son

armée, si la fantaisie lui en prenait. Viens et ne crains rien.

— Maladetto! maladetto! dit le pêcheur en frappant du pied le plancher de sa barque... Pauvre Lorenza! tu ne me verras pas ce soir! san Gennaro! il vaut mieux mourir.

Le pêcheur fit pour s'élancer dans la mer un mouvement qui renversa deux soldats, mais les autres se jetèrent sur lui et le saisirent de manière à l'empêcher d'exécuter son dessein désespéré.

— Oh! oh! mon brave, reprit le sergent, tu veux nous glisser dans la main comme une anguille... Un moment, en avant, marche, attention, vous autres.

— Arrêtez! s'écria tout-à-coup d'une voix forte et imposante un personnage, qui s'élança sur le rivage du haut d'un rocher, d'où il avait pu être témoin de toute cette scène. Sergent, continua-t-il d'un ton bref, cet homme n'est point coupable, cela est évident, je prends sur ma responsabilité l'ordre que je vous donne de lui rendre la liberté.

— Capitaine, répondit le sergent en fesant le salut militaire, vous serez obéi, mais j'ai dû exécuter ma consigne.

— Oui, cela est vrai, cependant elle vous aurait fait commettre un assassinat, répliqua l'officier avec émotion; ce jeune homme n'est pas coupable, j'ai tout entendu, ses explications me paraissent satisfaisantes, et la cour martiale ne les aurait point écoutées. Vous êtes libre, entendez-vous, pêcheur? Je me charge de tout, sergent.

— Le capitaine d'Herbeville est encore un bon enfant, dirent les soldats en s'éloignant à un nouveau signe que leur fit l'officier.

Le pêcheur étonné demeurait debout et silencieux sur le rivage, il regardait le capitaine avec une sorte de stupéfaction, comme s'il eût craint qu'on se jouât de lui, et que ce défenseur si peu attendu n'eût voulu qu'aggraver l'horreur de son sort par une amère raillerie. Mais quand il vit les soldats sortir de la barque et s'éloigner, il commença à comprendre la réalité du secours inespéré que le ciel lui avait envoyé.

— Est-il possible, seigneur capitaine, dit-il avec un reste d'hésitation, est-il possible que je sois libre et que vous me rendiez ma barque?..

— Rien n'est plus certain, répondit d'Herbeville, va-t-en... N'as-tu pas dit que tu avais une sœur qui pleurait ton absence? ajouta-t-il à voix basse, c'est-elle qui te sauve la vie.

— Oh! s'écria le pêcheur, ma Lorenza que ton nom soit béni, et le vôtre aussi, seigneur capitaine...

— Un mot encore, répondit d'Herbeville, as-tu dit la vérité à ces soldats?

— Par san Gennaro! je n'ai pas dit un mot qui ne fut vrai... Oh! seigneur! que Dieu et san Gennaro vous bénissent! Laissez-moi baiser vos mains, Jacopi le pauvre pêcheur est à vous pour la vie.

— Je te remercie, Jacopi, remonte dans ta barque, le vent a baissé; je crois que tu pourras gagner en peu d'instans le port de Capri. Mais, dis-moi, pourquoi t'exposes-tu à de si grands dangers? faut-il absolument que tu viennes sur cette côte?

— Hélas! seigneur capitaine, on s'expose à tout pour gagner un peu d'argent sans lequel on ne peut vivre ici bas. Les Anglais sont les maîtres chez nous, ils prennent tout ce que nous possédons et ils vendent nos barques et nos cabanes pour payer les taxes dont ils nous accablent. Grâces à san Gennaro et à la force dont je suis doué, les produits de ma pêche suffisent à mes besoins, à ceux de ma sœur, de ma chère Lorenza qui est belle, mon capitaine, comme une Madone de l'île de Capri ; mais il faut bien de temps en temps que je vienne vendre à Naples les coquillages que je pêche, ou le gibier que je prends dans l'île. Quand on arrive à pleines voiles dans la rade de la grande ville, on n'a rien à craindre, c'est le sirocco maudit qui m'a éloigné aujourd'hui de ma route et qui m'a jeté sur cette côte. Oh! cela ne m'arrivera plus; je ne crains pas la mort, seigneur capitaine, mais que deviendrait ma Lorenza si j'allais rejoindre tous ceux de nos parens qui dorment là-bas au fond la mer!

— Eh! bien, Jacopi, ta franchise me plaît, ton amour pour ta sœur m'intéresse... Hélas! moi aussi... Autrefois... pauvre Ernestine, adieu pour toujours...

Il regarda le ciel avec tristesse, passa la main sur son front et il ajouta en soupirant :

— Reviens sans crainte, je vais écrire au général Lamarque, au ministre du roi Joachim s'il le faut, et tu auras la permission de gagner ta vie, pauvre garçon ! Mais j'espère, Jacopi, que tu ne seras jamais indigne de ma protection, et que tu ne feras rien de contraire aux lois de ce pays, ni à l'honneur.

— Je le jure sur les cheveux de ma sœur Lorenza, dit le pêcheur, mais qui demanderai-je? votre nom! seigneur capitaine, votre nom que Dieu bénisse !

— Le capitaine d'Herbeville ! Adieu ; oui, quand tu reviendras, tu demanderas Eugène d'Herbeville... Pars, le vent est bon.

— Oh ! dit le pêcheur en saisissant ses rames,

ce nom là restera dans mon cœur avec celui de mon père !

Non loin de la ville de Capri, à peu de distance du bord de la mer et à l'entrée d'un vallon délicieux, s'élèvent plusieurs cabanes, dont les parois extérieures sont tapissées de vignes qui continuent à grimper et à s'étendre sur les toitures en chaume. Les filets qui sèchent suspendus aux branches des arbres voisins indiquent la profession des habitans de ce lieu qui a conservé le nom de *Hameau des Pêcheurs.* Les collines qui bordent ce canton resserré au pied de la montagne d'Anacapri, sont peuplées de vignes et d'oliviers, que partagent en diverses portions formant autant d'héritages, des haies de myrthes, toujours vertes et fleuries. Sur les crètes les plus exposées au soleil, s'élève le grâcieux feuillage des palmiers, dont les branches sveltes et inclinées ouvrent durant la brûlante journée un abri tutélaire à l'habitant de cette île enchantée.

A l'extrémité du vallon, il est une de ces cabanes que son isolement du hameau rend re-

marquable dans ce délicieux paysage, où elle
forme un accident sur le plan le plus élevé du
canton. Elle est adossée à un rocher que le buis
et l'arbousier revêtent d'une verdure éternelle,
un filet d'eau fraîche et limpide s'échappe avec
effort d'une crevasse qui semble être la bouche
d'une fontaine artificielle; cette eau après avoir
rempli un bassin naturel qu'ombragent des
mélèzes résineux va se perdre au loin dans la
mer, comme un grand fleuve, après avoir circulé autour de la cabane et arrosé un verger
voisin.

Les premières ombres du soir commencent à
se répandre sur Capri, les sommets les plus
élevés de l'île sont déjà cachés dans les brumes
blanchâtres qui s'élèvent de la mer, et quelques
étoiles diligentes scintillent dans l'azur du ciel.
Le terrible sirocco, le vent brûlant du désert
d'Afrique a cessé de souffler, et une brise fécon-
dante répand dans l'atmosphère une salutaire
fraîcheur. A cette heure une jeune fille est assise à l'ombre d'un mûrier gigantesque qui couvre la cabane de son feuillage protecteur. Elle
tient à la main une mandoline, instrument

dont le paysan napolitain sait tirer des accords délicieux. Mais une vague inquiétude semble agiter cette jeune fille solitaire, ses doigts délicats et légers ne se posent que par intervalles sur la corde sonore de la mandoline et quelques vers sans suite s'échappent de ses lèvres, comme si sa chanson favorite était aujourd'hui impuissante pour la distraire des tristes pensées qui paraissent la troubler. Elle prête souvent l'oreille pour saisir les bruits lointains qui viennent expirer dans l'écho du rocher; elle se lève avec empressement lorsque l'un de ces bruits ressemble au pas d'un homme sur le chemin pierreux qui conduit à la cabane, puis elle se rassied tristement quand elle'a reconnu son erreur. Enfin elle paraît vouloir triompher des craintes qui l'agitent et après un prélude lent et mélodieux qui imite les soupirs d'une jeune vierge rêveuse, elle chante d'une voix douce et mélancolique, des strophes dont la forme hellénique rappelle les poétiques traditions de Capri et que nous allons essayer de reproduire.

« En vain dit-on à la plaintive colombe que le temps des amours est venu pour elle! Savez-

vous pourquoi elle s'en va dans la solitude des
bois, savez-vous si son cœur est encore à donner? Oh! laissez-la seule comme moi : Je me
plais à raconter mes peines aux arbres de la
colline, aux vents légers du matin qui se jouent
dans ma chevelure, et l'on me dit aussi: Néida,
voici le temps des amours, les beaux jours passent comme les fleurs de l'églantier.

» Laissez passer mes beaux jours comme les
fleurs de l'églantier, ne venez point dire à ma
mère : Votre fille est belle ! ô jeunes garçons de
Capri ! Ne voyez-vous pas des larmes dans mes
yeux? On ne cueille point les fleurs humides
encore de la rosée, car elles se flétrissent aussitôt et ne donnent point de parfum. Il y a un
mystère dans le cœur de Néida, ô jeunes garçons de Capri ! En vain dit-on à la plaintive colombe que le temps des amours est venu pour
elle !

« Je dirai mon secret à la brise du soir, à l'o-
livier solitaire. Je dirai mon secret à la vague
écumeuse, à l'étoile brillante du ciel, mais je ne
le dirai point à ma mère que j'aime. Dansez sous

les ombrages, ô mes heureuses compagnes, votre sourire est doux et vos paroles harmonieuses, moi je ne danserai pas! je ne répéterai point vos chansons, parce que mon cœur est triste comme la colombe des bois. Laissez passer mes beaux jours comme la fleur de l'églantier.

» Néida! Néida! voici la fête avec ses danses et ses fleurs, viens t'asseoir au banquet sur l'herbe parfumée de la prairie. Les barques s'amarrent au rivage, les garçons reviennent en chantant, car la pêche a été bonne ; pourquoi demeures-tu seule sur la colline? C'est qu'il y a un mystère dans le cœur de Néida. Elle ne répondra pas , elle ne descendra pas sur la pelouse. En vain dit-on à la plaintive colombe que le temps des amours est venu pour elle! »

La jeune fille se tut, et un profond soupir suivit ses dernières paroles.

— Dieu vous bénisse, Lorenza! dit une voix d'homme qui la fit tressaillir, voilà une triste chanson pour une jeune fille aussi belle que vous. J'en sais plusieurs, Lorenza, que nos mères ont chanté comme celle de Néida, et qui seraient bien douces à entendre.

— Vous étiez là, Michaël, répondit-elle avec émotion, cela est mal de surprendre ainsi une jeune fille.

— Oui, reprit Michaël avec humeur, je suis pour vous un oiseau de mauvais augure, n'est-ce pas? ma voix est pour votre oreille, comme le cri de la mouette qui annonce l'orage, et cependant, Lorenza, vous savez si je vous aime!

— Au nom de la vierge Marie, maître Michaël, ajouta-t-elle aussitôt, ne venez pas me parler ainsi quand la nuit s'avance à grands pas, et que j'attends encore Jacopi.

— Voulez-vous que je coure au-devant de lui, ma Lorenza? notre frère Jacopi ne peut être loin de la côte maintenant, que saint Nicolas le protège!

— Merci, Michaël, merci, mais croyez-vous que l'orage de la journée ne lui ait fait courir aucun danger? C'est malgré moi qu'il a voulu mettre à la voile aujourd'hui.

— Oh! les dangers, Lorenza, sont les fidèles compagnons du pêcheur, et le frère Jacopi
a plus d'une fois chanté quand la tempête soulevait sa barque aussi haut que la plus haute
montagne de Capri. Mais grâces à Dieu et à
saint Nicolas on n'a parlé d'aucun malheur,
Lorenza, et Jacopi ne tardera pas à revenir
comme un joyeux et brave garçon qu'il est.

— Dieu vous entende et vous bénisse, Michaël,
je vais rentrer alors pour m'occuper de son repas... Adieu, maître Michaël.

— C'est cela, Lorenza, un adieu est plutôt
dit que quelques bonnes paroles qui rejouiraient
le cœur qui vous aime. Mais il faut cependant
que je vous parle, et en attendant le frère Jacopi, il faut que je vous raconte une chose
étrange, une enigme, Lorenza, que vous m'ex-
pliquerez peut-être, car il s'agit de vous.

La jeune fille parut se résigner quoiqu'avec
tristesse à écouter la confidence de Michaël, qui
s'assit auprès d'elle, et la regarda un moment
d'une manière affectée, et comme s'il eût voulu

lire dans sa pensée. Ses yeux brillaient sous ses épais sourcils noirs, et une vague impression de doute et de crainte se manifesta dans ses traits mâles et sévères, c'était un pêcheur de Capri qui paraissait dans la force de l'âge. Un caleçon de toile couvrait seul les parties inférieures de son corps, sa chemise en toile grossière mais blanche comme la neige était croisée sur sa poitrine avec une agrafe d'argent, sa veste brune était négligemment jetée sur son épaule droite et il avait pour coiffure le bonnet Phrygien, seul souvenir que la liberté ait laissé dans ces contrées; mais le soleil et la fatigue avaient bruni ses traits, que leur régularité hellénique eut fait paraître beaux s'ils n'eussent été empreints de quelque chose de sombre qui annonçait un caractère violent et des passions terribles.

— Pardonnez-moi, Lorenza, dit-il, avec un sourire amer, de troubler ainsi votre solitude, mais ce que j'ai à vous dire vous rendra peut-être ma présence plus supportable. Une grande dame de Naples s'intéresse vivement à vous et désire vous voir.

— Moi! Michaël, vous voulez vous jouer de

ma crédulité, quelle dame de Naples pourrait songer à la pauvre Lorenza?

— Celle dont je vous parle, Lorenza, répondit brusquement Michaël, je n'ai pas l'habitude de faire des histoires, comme une vieille femme, par san Gennaro !

— Je n'ai point voulu vous offenser, maître Michaël, dit Lorenza en baissant tristement les yeux, n'êtes-vous pas l'ami, le fidèle compagnon de mon Jacopi?

— C'est la vérité, Lorenza, et je voudrais que le nom de frère que nous nous donnons mutuellement, ne fut pas seulement une habitude d'enfance ! mais ce n'est point le moment de vous parler de moi. Depuis quand, Lorenza, avez-vous été à Naples? dites-le moi, si ce n'est pas indiscret de vous faire cette question.

— Pourquoi cela, Michaël? reprit la jeune fille avec étonnement et en jetant à son tour un regard vif et curieux sur le pêcheur, j'ai été à Naples deux fois seulement depuis l'arrivée du roi Joachim, mais je n'irai plus.

— Pourquoi cela, Lorenza? s'écria le pè-
cheur d'un ton brusque et mécontent, la signora Amélia de Manfredonia m'a rencontré comme
je sortais du palais de son père, où j'avais des
affaires avec l'économe. — Pêcheur, m'a-t-elle
dit, n'es-tu pas de Capri? — Oui, altesse. —
Connaîtrais-tu dans l'île une jeune fille d'une
rare beauté telle qu'aucune fille de Naples même
ne puisse lui être comparée? — Je n'ai pas eu
besoin de chercher bien longtemps, et je vous
ai nommée, Lorenza.

— O Michaël, balbutia Lorenza en rougissant,
que la Sainte-Vierge vous pardonne, vous avez
fait un mensonge pour l'amour de moi.

— Vous ne le croyez pas, reprit Michaël, et
ce péché là ne m'empêchera pas d'aller en pa-
radis. — Informez-vous si elle est venue souvent
à Naples, ajouta la signora, je veux la voir, lui
parler. Elle est donc bien belle, cette fille de Capri ! — Il n'y a point de parole pour vous la dé-
peindre, altesse sérénissime?—Aime-t-elle quelqu'un ? — J'ai baissé les yeux. Cette question m'a
fait mal : Lorenza, que pouvais-je répondre ?...

Oui, comme vous dans ce moment, je suis demeuré pensif et silencieux..... Mais mon cœur battait avec force, une foule de souvenirs sont venus m'assaillir. Il n'est que trop vrai, Lorenza, vous ne m'aimez pas ; mais dites-moi, ajouta-t-il d'un ton de voix dont sa vive émotion adoucissait l'expression chagrine et sévère, un autre garçon de Capri..... San Gennaro, protégez-moi ! un autre est-il plus heureux que moi ?

— Vous n'y songez pas, Michaël, murmura la jeune fille, que me demandez-vous ?

— Je vous demandais une douce parole, Lorenza, une parole qui m'aurait aidé à lutter contre la tempête, qui m'aurait rendu plus fier, plus intrépide que ce roi Joachim qui a fait un pacte avec le démon ; mais cette douce parole ne sortira pas de votre bouche ! Écoutez, la signora Amélia est toute puissante, au travers de ses questions j'ai cru découvrir un mystère dans lequel il y a de l'amour... oui, Lorenza, de l'amour. Craignez d'avoir un secret où cette signora soit intéressée..... Je veillerai sur vous, mais le poignard où le poison peuvent mettre en défaut la plus sévère surveillance.

— Le poignard! le poison! s'écria la jeune fille épouvantée, que signifient ces menaces, et pourquoi, Michaël, cette signora, que je ne connais point, s'ocuperait-elle de moi? Oh! vous vous êtes trompé, ce n'est pas de la pauvre Lorenza qu'elle a voulu vous parler. Que la Sainte-Vierge me protège!

— Amen. Je le désire pour vous, Lorenza, reprit brusquement Michaël en faisant un signe de doute et en quittant la place qu'il occupait, mais je causerai de tout cela avec le frère Jacopi. Si le temps est beau nous irons en mer ensemble demain, et je trouverai l'occasion de lui faire cette confidence. Il sera peut-être moins discret que vous. Adieu, Lorenza, que votre bon ange vous envoie des songes heureux... Je m'éloigne... je souffre... je ne veux pas voir Jacopi ce soir; et le voilà qui s'approche, car j'entends sa chanson favorite. Adieu.

Il écarta autour de lui les branches touffues

'des coudriers qui formaient une haie épaisse autour de l'enclos de Jacopi, et il s'éloigna rapidement. Lorenza se précipita au-devant de son
frère, elle se jeta dans ses bras, tremblante et
agitée, comme si elle eut éprouvé le besoin d'y
'chercher un asile. Mais distraite par le récit de
l'affreux danger que son frère avait couru, elle
'oublia la confidence étrange de Michaël, et ne
songea plus à la lui faire connaître...

Le noble et beau jeune homme qui avait excité durant plusieurs mois l'admiration des sa-
'lons de Naples, avait sollicité comme une faveur
l'ordre de se rendre à Sorrento, et de faire partie de la nouvelle garnison de cette ville. On se
perdit en conjectures sur les motifs de cet abandon inattendu de sa part, d'un monde où il n'a-
vait jamais trouvé qu'un accueil honorable et
des prévenances flatteuses. Amélia, dans un res-
'sentiment profond, plus fort peut-être que son
'amour, regarda cette détermination de d'Herbeville comme une preuve formelle de son intelligence avec cette rivale inconnue dont il lui
avait parlé ; mais elle pensa que d'Herbeville ne
lui avait point alors fait un aveu complet, et

elle résolut de découvrir par tous les moyens possibles, ce mystère à demi révélé, et de troubler
une vie qui ne devait pas lui appartenir.

Cependant, tels n'étaient point les motifs qui
avaient déterminés d'Herbeville à profiter de la
première circonstance qui se présentât pour s'é-
loigner de Naples, et s'abandonner, dans la solitude de son âme, à la pensée du malheur qui
venait de le frapper. Ernestine n'était plus! Un
message du digne parent chez lequel il avait
trouvé un asile dans les temps orageux de sa
première jeunesse, lui avait appris que sa sœur,
malgré les soins les plus empressés et tous les
secours de l'art, avait succombé à une maladie
de poitrine, cruelle et douloureuse affection
qui semble frapper de préférence l'innocence
et la jeunesse!

D'Herbeville n'était plus ce brillant cavalier
dont on admirait les grâces et l'esprit, ce n'était
plus ce jeune homme puissant qui paraissait
dédaigner les avances du monde, et qui seul,
dans la foule avide des courtisans de la fortune,
savait se placer au-dessus de toutes les séduc-

tions. En proie à une profonde affliction, à une douleur d'autant plus vive qu'elle demeurait concentrée en lui-même, il s'éloignait de tout ce qui aurait pu l'en distraire. Le charme de sa vie paraissait brisé. Ses nobles traits, pâles et altérés, n'avaient plus rien de cet éclat de la jeunesse qui les avait fait remarquer. Ses amis les plus chers, ses compagnons de dangers, ne pouvaient plus le voir ; les consolations qu'ils essayèrent de lui donner n'allèrent point jusqu'à son cœur, et ils respectèrent son deuil et la solitude dans laquelle il se renfermait. A part l'accomplissement de ses devoirs militaires, il devint étranger à tout ce qui l'environnait. Il aimait à parcourir les grèves désertes des deux golfes entre lesquels s'élève Sorrento. Souvent il passait de longues journées assis sur un rocher du promontoire, à contempler le spectacle solennel et mélancolique de la mer luttant contre la tempête. Il y avait dans les bruits vagues des flots qui s'entrechoquaient, et auxquels répondaient les échos sonores du rivage, quelque chose qui passait dans son âme et s'identifiait avec sa tristesse. Quand le temps était beau, et que du haut du promontoire de Sorrento l'œil pouvait découvrir les voiles lointaines qui semblaient à l'horison des flocons de nuages blancs détachés du ciel pur et bleu de ces contrées ; quand la verdoyante Capri s'élançait du sein de la mer, dont un soleil pur avait dissipé les brumes grisâtres, la grandeur du tableau imprimait à la tristesse de d'Herbeville un caractère sublime ; il rêvait alors de cet avenir mystérieux où l'homme, exilé de la terre par la mort, doit cependant trouver une patrie immortelle. Il revoyait sa sœur bien aimée, il jouissait encore de sa tendresse, et quelques larmes alors, que le désespoir n'aurait pu lui arracher, venaient briller sous sa paupière et soulager son cœur souffrant.

Plusieurs jours s'étaient écoulés depuis que l'intervention inattendue de d'Herbeville avait arraché Jacopi à une mort presque certaine. Le pêcheur n'avait pas reparu sur les côtes voisines de Sorrento, quoique le capitaine eut tenu la promesse qu'il lui avait faite, et que la permission dont le Capraiote avait besoin pour y débarquer, sans exciter le zèle des postes français établis sur le rivage, lui eut été immédiatement accordée. D'Herbeville dut penser que ce malheureux jeune homme n'avait échappé à la justice cruelle exercée envers les contrebandiers que pour tomber dans un danger dont aucune puissance humaine n'avait pu le préserver, et que la mer l'avait englouti avec son frêle esquif. Déjà cet incident s'effaçait de son souvenir, et tout entier aux regrets de la perte qu'il avait faite, il s'abandonnait à la mélancolie et aux habitudes solitaires que ce triste événement lui avait inspiré.

Il aimait à parcourir les grèves arides du golfe, et souvent, surpris par la nuit sur les rochers du promontoire les plus avancés dans la mer, il ne pouvait regagner Sorrento qu'au péril de ses jours, et en se frayant un chemin parmi les buis et les ronces qui bordaient les précipices au fond desquels la mer mugissait quelquefois comme le lion retenu dans une cage de fer.

Un soir que d'Herbeville, après une longue promenade sur ces côtes dangereuses, regagnait lentement Sorrento, il remarqua une barque amarrée au rivage, dans la petite baie ou Jacopi, quelque temps auparavant, était tombé entre les mains des soldats. Il regarda autour de lui, et n'aperçut rien qui put le confirmer dans l'idée que cet incident lui suggéra, et aussitôt il se mit à gravir un sentier pierreux qui tournoyait sur les flancs de la montagne et conduisait à la ville.

Au sommet de cette côte rapide, est une antique chapelle dédiée à saint Nicolas, objet d'une fervente dévotion de la part des pêcheurs et des marins de ces parages. C'est un petit monument gothique construit en forme de rotonde sur le haut du promontoire et ouvert de tous côtés, afin que les pélerins puissent demander au saint le vent dont ils ont besoin. Ce site est remarquable par le contraste que forme la belle végétation des oliviers dont il est planté avec l'aridité des grèves voisines. Aucune habitation humaine n'en trouble la sévère majesté, et le sentiment religieux qui l'a fait choisir autrefois par de pauvres pêcheurs y conserve toute sa puissance.

D'Herbeville était souvent attiré vers cette partie du promontoire autant par la beauté du point de vue qu'on y découvre que par ce vague sentiment qui attache les malheureux aux lieux où la prière semble plus salutaire, et où les seules grandeurs de la nature viennent ennoblir les espérances et rendre plus solennel le recueillement de l'homme qui élève sa voix vers Dieu. En arrivant sur le plateau au centre duquel s'élève l'oratoire de saint Nicolas, il aperçut deux personnes de sexe différent agenouillées devant l'autel, leur costume indiquait des pêcheurs ou des habitans de la côte qui venaient probablement augmenter le nombre des *ex-voto* qui ornaient la chapelle, pour obtenir du saint un bon vent et une bonne pêche. Il pensa que c'était un couple nouvellement uni, et involontairement il mêla sa prière à la leur. Un moment après il lui sembla que son nom avait été prononcé dans l'oratoire par l'un des deux pélerins qui paraissaient prier avec ferveur; bientôt il pût être convaincu que ce n'était point une illusion de ses sens, exaltés par la solitude et la vie méditative à laquelle il se livrait.

Le pêcheur se leva, fit un grand signe de croix et attendit sans doute un instant que l'oraison de sa compagne fut terminée; mais il crut devoir ne pas troubler sa pieuse extase. Il s'éloigna en marchant avec précaution, aperçut d'Herbeville, poussa un cri de joie et se précipita à ses pieds : c'était Jacopi.

— Saint Nicolas a exaucé ma prière, excellence, s'écria-t-il, puisqu'il vous a amené ici. Je vous ai demandé aux soldats plusieurs fois depuis quelques jours, aucun d'eux n'a pu m'apprendre où vous étiez... et, faut-il vous le dire? je n'ai point osé aller à Sorrento, quoique votre nom m'ait protégé dans ces parages quand j'ai été arrêté par les Français.

— Je craignais que vous n'eussiez péri dans la traversée, répondit d'Herbeville en tendant la main au pêcheur, Dieu soit loué ! et je suis bien aise aussi que vous ne m'ayez pas oublié. Voici la permission que je m'étais engagé à vous faire délivrer ; maintenant vous n'avez rien à craindre, vous pouvez aller à Sorrento, à Naples, sur toute la côte, sans qu'on puisse vous inquiéter. Adieu, Jacopi, soyez heureux.

— Oh ! un moment, de grâce ! reprit le pê-

cheur, vous avez été mon bon ange, laissez-moi
vous voir et vous entendre. D'ailleurs, ajouta-
t-il en se grattant l'oreille, il y a dans ma barque
des fruits..... les plus beaux que produise notre
île, excellence! des beaux cristaux de corail
que j'ai pêchés sur nos côtes... Il y a aussi une
résille en soie rouge, que ma sœur Lorenza, la
pauvre fille! a tressé pour vous, avec un reliquaire qu'elle a brodé à votre intention. N'ac-
cepterez-vous rien, seigneur capitaine, rien d'un
pauvre fils de Lazzarone, qui vous bénit et qui
vous aime?.....

—Merci, merci, Jacopi, dit d'Herbeville avec
émotion, voilà bien de la reconnaissance pour
un si faible service; mais une autre fois, mon
brave garçon, nous parlerons de tout cela, re-
merciez votre sœur en mon nom; il faut que je
retourne à Sorrento.

—Ma sœur est ici, excellence, c'est elle qui
est agenouillée maintenant devant saint Nicolas..... Elle veut vous voir, elle veut remercier
le sauveur de son frère..... C'est pour lui, sans
doute, qu'elle prie dans ce moment, attendez

encore, excellence, et vous n'aurez pas le courage de refuser la résille et le reliquaire de ma Lorenza.

— Non, Jacopi, je ne le puis, s'écria douloureusement d'Herbeville, vous me rappelez trop la perte que j'ai faite!..... Mais votre sœur compose-t-elle toute votre famille?

— Oui, reprit vivement Jacopi, bien aise que le capitaine lui inspira lui-même un moyen de continuer la conversation, Lorenza et moi nous sommes restés seuls d'une famille nombreuse. La mer, excellence, a servi de tombeau à mon père et à deux de mes frères. Ma pauvre mère n'a pas survécu longtemps; elle s'est endormie de son dernier sommeil en me recommandant sa petite Lorenza, la plus belle fleur que le soleil ait fait éclore sur les collines de Capri. J'ai vécu pour elle, excellence.

La conformité qui existait entre la destinée de ce pêcheur et celle de d'Herbeville, excita dans ce dernier un vif et touchant intérêt. Le noble capitaine n'eut pas même la pensée d'examiner

si la différence de leur position sociale ne mettait pas obstacle à la liaison intime qui venait
de s'établir entr'eux. Comme lui, le pauvre pêcheur de Capri avait reçu d'une mère mourante
la mission de protéger dans cette vie une sœur
unique et bien-aimée. Un cœur noble et généreux battait sous l'humble vêtement de sa
profession hasardeuse; il devint son ami dès cet
instant, ce fut pour lui un être à part et auquel
l'attachait désormais une sympathie d'autant
plus vive, que peut-être il pourrait comprendre
sa profonde douleur quand il lui parlerait d'Ernestine. Il prit sa main qu'il serra avec expression,
familiarité à laquelle se prêta le pêcheur avec un
mélange naïf de respect et de reconnaissance.

— Je suis maintenant heureux de vous connaître, bon Jacopi, dit d'Herbeville, vous saurez un jour pourquoi; accordez-moi votre amitié..... Pourquoi hésiter, c'est sérieusement que
je vous parle, le voulez-vous?

— Que saint Janvier et saint Nicolas vous
soient en aide, répondit le pêcheur, tant d'honneur à moi!... Il est vrai, ajouta-t-il en levant la

tête avec fierté, il est vrai que je suis Napolitain, et que c'est du pur sang Lazzarone qui coule dans mes veines!

— Vous n'êtes donc pas né dans l'île que vous habitez, lui demanda d'Herbeville en souriant.

— Pardonnez-moi, excellence, mais mon bisaïeul avait à-peu-près mon âge lorsque l'insurrection des Lazzaroni mit la belle et grande Naples au pouvoir du brave Mazaniello. C'était un homme de courage et de résolution, il fut l'un des lieutenans de notre chef; que saint Janvier intercède pour lui! Lorsque le vice-roi rentra dans Naples après la mort désastreuse de Mazaniello, tous ses amis, ses principaux compagnons, furent arrêtés, livrés au supplice ou proscrits de leur terre natale. Mon grand-père se déroba par la fuite aux sbirres espagnols, et il alla s'établir à Capri où depuis sa famille est demeurée; mais nous n'avons pas oublié notre origine, et Naples est toujours notre mère chérie. Comme je vous l'ai dit, seigneur capitaine, je suis maintenant, avec ma sœur Lorenza, tout ce qui reste d'une famille nombreuse; mais je ne me plains pas de mon sort, nous vivons de peu nous autres Lazzaroni, la pêche que saint Nicolas bénit quelquefois, suffit à tous nos besoins, et sans les taxes que les Anglais nous arrachent, nous serions riches. Bientôt je l'espère, ma Lorenza épousera un brave pêcheur comme moi, un compagnon de dangers, un ami d'enfance.....

— Oh! ne dis pas cela, Jacopi, dit Lorenza d'une voix timide et en s'appuyant sur l'épaule de son frère.

Durant la conversation que nous venons de rapporter, Lorenza s'était approchée sans être aperçue des deux jeunes gens, dont l'attention était entièrement concentrée dans le sujet de leur entretien. Le son de sa voix fit tressaillir d'Herbeville, et tandis que Jacopi se tournait vers elle en souriant, il la regarda aussi.....

Ce n'était plus une illusion de son imagination exaltée, ce n'était plus un songe qui berçait sa douleur solitaire, ce n'était plus une vague espérance qui venait se jouer de son âme..... Lo-

renza ! c'était elle !..... c'était cette jeune fille,
dont la merveilleuse beauté avait fait sur lui une
si profonde impression ! Elle était devant lui cette
vision fantastique de la rade de Naples, elle venait de nouveau comme une pensée consolante
dans le sombre deuil où il était plongé..... Lorenza, c'était elle !.....

Les traits pâles de d'Herbeville se colorèrent
d'une légère teinte pourprée, un frémissement
involontaire froissa ses lèvres, son cœur battit
avec force, mais aucune parole ne sortit de sa
bouche ; il admirait Lorenza dans son cœur.

— Hé bien ! Lorenza, dit Jacopi, ne trouves-
tu donc pas quelques bonnes paroles pour remercier notre bienfaiteur ? Voici le noble capitaine qui a sauvé la vie à ton frère.

Mais Lorenza ne répondit pas, elle était tremblante et interdite, et l'on aurait pu croire que
la présence de d'Herbeville venait tout-à-coup
de lui rendre des souvenirs dont elle cherchait
à démêler en elle la vague sensation.

— Pardonnez-lui, capitaine, reprit Jacopi,

Lorenza est timide comme une jeune fille, et cependant, excellence, elle a chanté des vers qu'elle a composé pour vous! Oh! son cœur est, comme le mien, plein de reconnaissance pour vos bontés... Croirais-tu, Lorenza, que le capitaine refuse mes présens?..... Mais que peuvent donner de pauvres pêcheurs comme nous!

— Jacopi, dit le capitaine, j'accepte la résille et le reliquaire que vous m'avez offerts.

Un regard de Lorenza fut la seule réponse qu'il recueillit, mais aucune parole éloquente n'aurait été mieux comprise et ne lui eut paru plus douce à entendre. Le soleil avait disparu depuis longtemps, et les premières ombres du soir commençaient à se répandre sur les eaux du golfe, et à envelopper le sommet du promontoire de Sorrento. Le moment était venu pour les Capraiotes de regagner la barque, et ils reprirent avec le capitaine le sentier qui conduisait au bord de la mer.

— Elle est belle!... dit une voix qui sembla partir d'un massif d'oliviers auprès duquel ils étaient obligés de passer. Lorenza crût saisir la main de son frère, ce fut celle de d'Herbeville qu'elle sentit trembler dans la sienne, tandis que Jacopi prêtait l'oreille en riant. Cet incident n'eut pas de suite, et quelques instans après la barque parut voler à la surface de la mer, dont l'onde paisible ressemblait à la pelouse unie d'une vaste prairie. Debout sur un rocher qui se détachait de l'un des rescifs dont le rivage était bordé, d'Herbeville suivait en silence la marche légère du petit bâtiment, et de temps en temps il portait la main sous son uniforme entr'ouvert et pressait sur son cœur quelques objets de peu de valeur, qui étaient devenus pour lui un gage précieux d'espérance et d'amour. . . . .

. . . .

Une foule nombreuse circulait dans les brillans salons du palais Manfrédonia, à Naples. Les riches uniformes des hommes, les habits de cour éclatans de broderies, les parures de diamans des femmes, se reflétaient dans les grandes glaces de Venise, enchâssées dans de larges câdres d'or, qui ornaient cette noble demeure. Le chant italien, si suave et si ingénieux dans ses caprices enchanteurs, se mêlait à la danse vive et légére que les Français avaient mis à la mode. La divinité de ce temple dédié aux arts et aux folles jouissances de la grandeur, Amélia ne paraissait point partager la bruyante gaîté de ses hôtes. Elle était comme accablée sous le poids des diamans qui pesaient sur son front, qui chargaient son col et ses bras. Inattentive et préoccupée d'une pensée inconnue, elle dédaignait l'encens qu'on lui jetait à pleines mains et rarement un triste sourire venait effleurer ses lèvres et récompenser les soins qu'on prenait pour lui plaire, quand une de ses caméristes perçant avec peine le triple rang de ses admirateurs, parvint jusqu'à elle et laissa tomber dans son oreille des paroles qui la firent tressaillir. Peu d'intans après elle se leva, distribua autour d'elle quelques regards bienveillans, quelques sourires encourageans, se perdit dans la foule et disparut.

Un homme l'attendait dans un boudoir élégant, où l'image de la Vierge, entourée des plus rares productions du luxe et des arts formait un étrange contraste, par l'idée de dévotion qu'elle rappelait, avec le sentiment de volupté répandu dans l'ameublement de cet asile secret de la beauté. Cet homme aux formes athléti- ques, aux regards sombres et hardis, était à demi vêtu comme les pêcheurs du golfe. Ce fut à peine s'il porta la main à son bonnet de laine rouge, lorsque la porte dorée s'ouvrit et qu'Amélia parut devant lui. Elle lui fit un geste de la main comme pour le remercier de son exactitude à se rendre à ses ordres, et déba- rassée d'une partie de sa parure à l'aide de sa camériste, elle se coucha à demi sur un di- van avec cette mollesse méridionale qui ne nuit jamais, ni à la grâce, ni à la dignité d'une belle femme.

— Eh ! bien, Michaël, dit-elle en jettant sur le pêcheur un regard animé de tout le feu des passions qui l'agitaient, cet officier français, a-t-il revu votre Lorenza ? L'aime-t-il ?.....

— Il n'en faut plus douter, altesse sérénis- sime, répondit Michaël d'une voix sombre. L'officier a revu Lorenza, ils s'aiment. Non, il ne faut plus en douter, cet homme est venu à Capri. Il y est venu sous l'habit d'un Lazza- rone, je l'ai vu.....

— Tu n'as donc pas de poignard, lâche Capraiote? s'écria Amélia avec agitation; mais, dismoi, je croyais votre île inabordable.

— Elle l'est en effet, altesse sérénissime; le gouverneur anglais promet une guinée à quiconque peut entrer dans l'île sans être découvert. Mais nous autres pêcheurs nous connaissons des passages secrets, des baies inconnues au milieu des rochers, et que pour tout l'or de la Grande-Bretagne, nous ne ferions pas connaître à ce Hudson-Lowe, notre oppresseur que Dieu maudisse! C'est Jacopi qui a introduit le Français dans l'île.

— Et s'il était surpris par les Anglais?.....

— A coup sûr, altesse sérénissime, il serait fusillé une heure après; mais à Dieu ne plaise qu'un Capraiote vende le sang d'un Français à ce gouverneur à cheveux roux! cependant s'il tombe entre ses mains, que la volonté de Dieu soit faite! Tous les jours ce Français expose vie pour voir Lorenza un moment.

— Il l'aime donc bien !… Et toi, Michaël, tu te laisses ainsi ravir celle que tu aimes par un étranger! Tu as un noble cœur capraiote…Et elle riait, et ses lèvres, pâlies par la colère, se contractaient.

— Oh ! reprit le pêcheur avec véhémence, ne réveillez pas une idée horrible qui est dans mon cœur. Vous ne savez pas quel démon vient me visiter durant la nuit et me suit sur la mer, au fond de laquelle il vaudrait mieux maintenant que le fils de mon père fut endormi ! Ecoutez, altesse sérénissime, j'aime Lorenza plus encore que vous ne paraissez aimer ce Français; car je ne m'y trompe pas, c'est la jalousie qui vous dévore, et quand j'ai vu cela, je n'ai point pressé Lorenza de venir vous voir….. Oh ! Lorenza ! qu'elle soit heureuse, voyez-vous, sa vie m'est sacrée.

— Bien , Michaël , dit Amélia en souriant avec ironie, tu aimes tant Lorenza que tu la verras passer dans les bras d'un rival sans oser troubler son bonheur….. Mais cet étranger qui vient se jeter entre vous, qui détruit toutes tes espérances , veux-tu aussi qu'il soit heureux lui?

Allons, Michaël, ce n'est pas du sang napolitain qui coule dans tes veines.

—Vous ne me connaissez pas, altesse, s'écria le pêcheur : voyez, mon front est brûlant, ma main tremble..... J'ai voulu le tuer. Mais il y a quelques jours, j'étais en mer avec Jacopi, mon frère, mon compagnon d'enfance, nous partagions les coraux que nous avions pêchés et nous étions amarrés aux rochers des Sirènes, alors je lui ai parlé de Lorenza et de mon amour, que lui-même encourageait autrefois. Il m'a tout raconté, altesse, il m'a consolé, il a pleuré avec moi. —Vois, m'a-t-il dit, que puis-je faire maintenant, Michaël? Ce Français est noble, généreux, il aimait depuis longtemps Lorenza, il m'a sauvé la vie; qu'il soit sacré pour toi, frère..... J'ai promis tout ce qu'il a voulu, altesse, et maintenant je ne verserai pas le sang de ce Français; non : cependant je le hais !.....

— Ainsi je m'étais trompée, Michaël, en comptant sur toi, reprit Amélia d'un air distrait et rêveur, je trouverai peut-être un plus fidèle serviteur, car il faut que je me venge, moi, l'injure que j'ai reçue est mortelle.

— Les Manfrédonia ont été de tous temps les protecteurs des pêcheurs du golfe et des îles ; dit à voix basse Michaël, qui paraissait à-la-fois combattu par la crainte de déplaire à Amélia, par son amitié pour Jacopi et son penchant naturel à la vengeance.

— Oui, c'est ce que pourra assurer tout homme né dans ce royaume, dit Amélia, et cependant c'est un pêcheur des îles qui refuse de servir une Manfrédonia..... Adieu donc, Michaël, ajouta-t-elle avec un sourire charmant, crois-tu que je ne trouverai pas dans Naples et dans ton île même, des amis plus dévoués que toi ? Tous n'aiment pas une Lorenza..... tous ne sacrifieraient pas à un Français le plus noble sang napolitain !

— O altesse sérénissime, ayez pitié de moi ; entendre dire que je ne suis pas le plus fidèle de vos serviteurs ! que je préfère le sang d'un étranger à celui d'une Manfrédonia ! C'est trop pour Michaël.

— Eh ! bien, reprit Amélia, d'un ton impérieux, prouve moi ton repentir par une entière soumission à mes volontés..... Oui, tu l'as. dit il n'y a qu'un instant, la jalousie me dévore, c'est un poison qui circule dans mes veines, il faudra que j'en meure si la vengeance ne vient pas à mon secours. Et toi, tu dis que tu aimes aussi, toi Michaël! Oh! voir passer dans les bras d'une autre femme, celui que je voulais élever jusqu'à moi, entendre le bruit de leurs baisers et pouvoir briser dans ma main leur odieux amour!..... Non, je ne dois pas hésiter; périsse celui que j'aime puisqu'il ne peut être à moi. Ne vois-tu donc pas, Michaël, ta fiancée, ta compagne de l'enfance, sourire à un étranger qui n'a eu qu'à paraître pour te ravir son amour; car elle eut été à toi, cette belle fille! mais jamais elle ne partagera ta couche, et tu préfères sa vie au désespoir de ton rival; tu ne jouis pas d'avance de leurs larmes, de leurs regrets..... Tu pleures, Michaël?

— Une larme encore! Oh! ce sera la dernière, altesse sérénissime, ma résolution est prise, ils mourront tous deux. Mais jamais mon poignard ne pourra trouver le cœur de Lorenza..... Son sang sur moi! Altesse, cette idée me fait horreur.

— Eh! qui te parle de verser leur sang?... Le poignard fait trop prompte justice; il faut laisser aux coupables le temps de se repentir..... Elle réfléchit un instant, puis elle ajouta avec un étrange sang-froid :

— Michaël, n'est-ce pas sur les rochers des Sirènes que ton ami Jacopi t'a fait connaître ton malheur?.....

— C'est la vérité, altesse sérénissime.

— Donne-moi une idée de ce lieu ; je t'écoute, Michaël.

— Très-volontiers. Les rochers des Sirènes se trouvent au sud de notre île, à un mille en mer environ, ils sont au nombre de quatre. C'est un endroit triste et dangereux où l'on ne rencontre aucune végétation et où la pierre dure, échauffée par le soleil, ne reçoit de temps en temps la visite des pêcheurs de Capri, que parce que la tempête y jette quelques coquillages. On nous a dit dès notre enfance, altesse sérénissime, que ce rescif désolé était l'asile du Monocello, le mauvais génie de l'île, que saint Nicolas y a enchaîné avec des chaînes rougies au feu, et qui conservent toujours la même chaleur. Mais le Monocello n'est visible que quand la tempête souffle, et alors il danse sur son rocher et fait bruire ses chaînes.

— Que saint Nicolas soit béni! dit Amélia, ce lieu convient au projet que j'ai conçu. Pourras-tu introduire quelques-uns de mes gens dans Capri?

— Cela m'est facile.

— Prépare-toi donc à partir; je suis contente de toi, Michaël, et tu peux fixer toi-même le prix que tu mets à ton dévouement à ma personne: quelqu'élevé qu'il soit, je jure par la madone de Manfrédonia qui nous entend, de te l'accorder à l'instant même.

— Et quelle récompense pouvez-vous m'offrir, altesse, en échange du sacrifice que je vous fais? non, ce n'est pas cela qu'il me faut. Je ne veux pas qu'un jour vous puissiez me dire : Qu'as-tu fait de celui que j'aimais? Ce sera un secret entre nous, mais donnez-moi un gage de votre volonté, un gage tel que je ne puisse plus en douter.

— Ne crains rien, Michaël, je ne suis pas une de ces faibles femmes dont la pensée est fugitive comme les fleurs qui leur servent de parure, je te donne d'Herbeville comme tu me donnes Lorenza, n'est-ce pas? Mais quel gage demandes-tu? est-ce de l'or?.....

— De l'or! oh! non, altesse, il ne scellerait pas bien ce marché de l'enfer. Je veux un baiser sur cette bouche dont la parole a tenté le fils de mon père.....

— Michaël!..... Tu es bien audacieux..... va-t'en.

— Adieu, altesse! Un baiser sur votre bouche ou le pacte est rompu.....

— Un baiser à toi !..... Michaël, viens le prendre, tu me vengeras ; je t'aime !....

Il était nuit, quelques cierges allumés dans l'une des chapelles latérales de la grande église d'Anacapri, projetaient une lumière pâle et vacillante qui se perdait sous les voûtes sombres de cet édifice. Des vases de fleurs étaient placés sur l'autel devant lequel étaient deux prie-dieu, et le livre des offices était ouvert au titre du *mariage* ; c'était pour célébrer ce sacrement, qui dans la liturgie romaine exclut tout acte civil, que ces apprêts paraissaient avoir été faits. Les fiancés étaient cachés dans l'ombre produite par l'un des piliers massifs qui soutenaient la voûte de l'église. Ils étaient seuls, assis près l'un de l'autre, silencieux d'abord, et sans doute sous l'impression de la majesté du saint lieu : on aurait pu entendre à quelque distance le bruit léger de leur respiration. Cependant la fiancée dont un long voile blanc couvrait le visage, faisait entendre quelque fois des soupirs entrecoupés qui trahissaient son émotion.

— Lorenza, dit le jeune homme à voix basse,

que se passe-t-il dans votre cœur ? Vous n'êtes pas tranquille..... n'est-ce donc pas volontairement que vous m'avez suivi auprès de l'autel où vous allez faire à Dieu le serment d'être à moi pour toujours ?.....

— Oh ! je suis heureuse, Eugénio, répondit-elle, heureuse et fière de prononcer ce serment et cependant... ô pardonnez-moi mon bien-aimé, il y a en moi dans ce moment une pensée triste que je ne puis arracher de mon esprit... c'est comme un pressentiment qui m'obsède , voici l'autel et voici l'instant où Jacopi va amener le prêtre qui doit bénir notre union et il me semble que jamais !...

La jeune fille émue et tremblante cacha son visage dans ses mains.

— Vous serez mon épouse devant Dieu et devant les hommes , ma Lorenza, reprit le fiancé, nul pouvoir ne pourra bientôt nous séparer. Ecoute, ma Lorenza, ajouta-t-il avec passion, prends encore patience durant quelques minutes et le plus doux rêve de ma vie sera accompli. O je t'aime !..... Depuis le jour où tu m'apparus sur le port de Naples, tu as été dans ma pensée comme une tendre espérance, et quand je te revis pour la seconde fois, je sentis que ma destinée dépendait de toi. Et tu trembles !..... Et tu es auprès de moi, en face de l'autel où nous allons être unis !....

— Comme ta voix, , Eugénio, connaît bien le chemin de mon cœur ! Oh ! oui, n'est-ce pas ce sont des présages trompeurs que ceux dont je suis tonrmentée ? C'est que moi aussi je t'aime, c'est que tu étais aussi dans ma pensée solitaire depuis ce jour où nos regards s'étaient rencontrés. Moi je vécus alors d'un amour sans espérance, tu étais un noble officier de l'armée française, et moi, la fille d'un pauvre pêcheur !.... Mais tu m'as tout sacrifié, tu es descendu pour me donner la main... Oh ! oui je suis heureuse, car je crois à ton amour.

— Tu m'avais promis, ma Lorenza, de ne plus me parler de ces prétendus sacrifices : en fait-on à son bonheur?

— Eugénio, que tu es noble et bon....

Paix ! j'ai cru entendre parler à voix basse auprès de nous.

— Non je suis seul, seul avec toi.....

— Je suis une folle..... Eugénio, le croirais-tu ? l'adieu de Michaël me fait mal, le regard qu'il a lancé sur moi me suit partout. Et puis... Mais dois-je parler ainsi dans une église ? J'ai eu la nuit passée un songe dont le souvenir me pèse.

— Si c'est un mauvais songe, Lorenza, il n'est qu'une vision menteuse, car nul mortel ne fut jamais plus heureux que moi, et puis-je l'être sans toi ?

— J'ai rêvé, Eugénio, que nous étions agenouillés devant l'autel et comme à présent nous attendions le prêtre.... il ne venait pas. Tout-à-coup il parut revêtu des habits pontificaux, mais quand il prit ma main pour la mettre dans la tienne, cette main était froide comme le marbre qui revêt les murs de cette église, je poussai un cri d'effroi, je levai les yeux vers lui, c'était un hideux squelette...

— Ne le crois pas, Lorenza, c'est le bonheur qui va venir.

— Le prêtre se fait bien attendre, Eugénio... vois, moi aussi j'ai froid...

Des pas d'hommes résonnèrent dans ce moment sous les voûtes du temple.

— Voilà le prêtre, Lorenza, le voilà avec Jacopi...

Ce furent les dernières paroles qu'il put prononcer ; un épais voile noir tomba sur sa tête, ses cris étaient étouffés comme ceux de Lorenza qui était victime de la même violence. Des hommes vigoureux les saisirent et les emportèrent hors de l'église. Les ravisseurs descendirent rapidement la montagne d'Anacapri, et déposèrent les deux fiancés dans une barque qui vogua aussitôt sur la mer.

Capri.

III.

LAMARQUE ET HUDSON-LOWE.

Vers les premiers jours d'octobre 1808, le roi Joachim avait donné des ordres pour rassembler les forces maritimes et militaires qui devaient tenter une nouvelle expédition contre l'île de Capri. Les indolens et voluptueux habitans de Naples ne tardèrent pas ainsi à apprécier le caractère impétueux de leur nouveau monarque. Ce peuple, qui n'aime de la gloire que celle dont les arts dispensent la palme, n'était point préparé à entrer dans le vaste mouvement que la France avait imprimé à l'Europe. Sans égard pour le caractère et les préjugés du peuple qu'il était appelé à gouverner, Joachim voulut y acclimater les institutions révolutionnaires de la France, perverties par Napoléon; mais de toutes les scènes de cette comédie burlesque, celle qui déplut davantage aux Napolitains fut sans aucun doute l'importation de la conscription. Cet essai fut malheureux; un peuple dégradé par une longue habitude de la servitude peut un jour se régénérer lui-même, mais sa volonté est nécessaire, ou le despotisme nouveau qui veut l'y contraindre, vient se briser contre les œuvres du despotisme passé. Aussi, jusqu'à l'époque où le lieutenant de Napoléon jugea à propos, pour ajouter quelques jours à son règne, d'entrer dans la coalition contre la France, l'armée napolitaine ne put-elle recommencer son histoire. Elle n'avait acquis aucun lustre sur les champs de bataille où elle avait suivi nos aigles; Joachim put rassembler un certain nombre d'hommes en uniforme, mais il ne put créer des soldats. Cependant, telle est la prodigieuse influence de l'exemple et du pouvoir, que ce valeureux Joachim, quand il voulut en 1815, après tant de fautes et de tergiversations, réparer ses torts envers Napoléon, parvint à inspirer à son armée un peu de cet enthousiasme qui faisait tout son génie! Il débuta par des succès, mais cet élan ne dura pas, et la brillante armée napolitaine ne put soutenir le choc des nouvelles recrues de l'Autriche; elle succomba à Tolentino.

Napoléon n'a pas été toujours juste envers les hommes qui ont le plus contribué à mettre en œuvre sa volonté toute-puissante. On ne peut croire que sur le rocher de Sainte-Hélène, et déjà en présence de la postérité, il ait eu l'intention de jeter en quelque sorte un voile sur les grandes illustrations que sa fortune avait fait éclore; mais il y avait de l'homme en lui. Habitué à se considérer comme le soleil d'un grand système social, il ne voulait pas qu'on put, dans l'espace immense où il agissait, distraire quelques-uns de ses rayons. La haute fortune de Murat fut, sans aucun doute, l'ouvrage de Napoléon, mais l'empereur ne fit au surplus que reconnaître les titres que son aide-de-camp avait acquis dans les armées de la république, où son audace et son courage l'avaient toujours montré au premier rang. Il manquait seulement au roi Joachim ce qui manqua à tous les hommes qui ont hérité de la révolution française, les couronnes et les titres que Napoléon leur jeta, cette haute moralité qui pouvait seule leur donner la conscience de leur destinée et de la réalité des grandeurs que les orages politiques leur avait données.

Les Napolitains furent d'abord épouvantés de la hardiesse de leur souverain. L'île de Capri paraissait imprenable, et l'expédition qu'on envoyait contre ses formidables rochers était d'ailleurs environnée de tant de dangers que les obstacles naturels ne semblaient pas les plus difficiles à vaincre. Néanmoins seize cents hommes d'élite furent pris parmi les Français qui occupaient alors le royaume de Naples, et placés sous le commandement du général Lamarque. Nos soldats riaient des craintes qu'on voulait leur suggérer, ils avaient déjà accompli tant de grandes choses que cette expédition ne leur paraissait pas extraordinaire, elle entrait dans leur génie national.

Le chef, jeune encore, qui devait les commander partageait leur confiance, il était alors dans les beaux jours de cette carrière qui a jeté tant d'éclat sur son nom. Lamarque était soldat à vingt-deux ans; c'était en 1792 que, volontaire de la liberté, il volait à la frontière avec l'élite de cette jeunesse de France toujours si généreuse et si belle. Peu de mois suffirent pour révéler son courage et le noble cœur qu'il apportait à la cause nationale; il fut élu capitaine de cette compagnie de grenadiers devenue immortelle sous le nom de Latour-d'Auvergne. A la tête de ses braves soldats il arrèta une colonne espagnole et s'empara de Fontarabie. Le génie du commandement, dont il était doué, éclatait dans ces actions glorieuses, et peu d'années après le virent élever au plus haut grade de l'armée.

Le général Lamarque avait reçu une éducation assez distinguée pour que les hautes fonctions qui récompensèrent son courage ne parussent pas en lui un jeu de la fortune. Il avait commencé comme Fabert, comme lui il était né général; mais il conserva la simplicité républicaine et la modeste candeur du jeune patriote, dans ces jours de l'empire où tant d'illusions furent le partage des grandeurs qu'il avait enfantées. Il était doux et bienveillant, c'était l'ami du soldat, et les rois Joseph et Joachim surent apprécier l'un et l'autre ses talens. A la cour comme au bivouac, au conseil comme au combat, Lamarque était un de ces hommes qui appellent sur eux l'attention, en mettant dans leur conduite droite et pure autant de soins à éviter l'éclat de la renommée, que d'autres en mettent à s'en faire les favoris.

En 1815, pendant ce règne de cent jours qui n'est pas le moindre des prodiges de la vie de Napoléon, Lamarque avare du sang de ses concitoyens, fut appelé à pacifier la Vendée. Il acquit dans cette grande et honorable mission des droits à la reconnaissance de la patrie et il recommença la gloire de Hoche. Tel est l'homme que les Bourbons eurent l'infamie de proscrire, quelques jours après leur désastreuse restauration ! Lamarque avait quitté l'épée, et sur la terre de l'exil il mûrissait, dans d'importantes études, ce talent si remarquable et si pur qui devait bientôt s'emparer de la tribune et se dévouer, comme en 1792, à la défense de la liberté.

Nous l'entendons encore cette voix éloquente qui venait ranimer le feu sacré de l'enthousiasme dans nos cœurs découragés ! Digne émule de Foy, mais plus vif, plus passionné, plus peuple que lui, Lamarque devint l'objet d'une admiration toute nationale. Nos jeunes soldats s'entretenaient de lui dans les casernes où les vétérans leur racontaient ses belles actions; il était l'amour et l'espoir des bons citoyens. Quand le drapeau tricolore sembla annoncer un moment à la France le retour de sa gloire et de sa liberté, Lamarque fut de nouveau envoyé dans la Vendée pour appaiser les agitations que les éternels ennemis du pays voulurent y faire naître. Les préjugés des vendéens ne résistèrent point à l'influence de son nom, mais l'ascendant d'un tel homme était dangereux pour les méprisables sophistes qui mettaient la révolution de juillet sur le lit de Procuste. La guerre civile était utile à leurs odieux projets, et Lamarque fut destitué, c'est tout ce qu'on pouvait faire dans ces nouvelles circonstances, pour égaler la haine de la restauration envers tout ce que la France a produit de généreux et de grand ! Ce fut au sein de cette glorieuse disgrâce que la mort vint s'emparer de l'illustre Lamarque : il était bien digne du pouvoir qui venait de rendre un éclatant hommage à son patriotisme et à sa loyauté, de troubler ses funérailles..... un jour viendra où la justice nationale passera sur les coupables et où l'histoire pourra attacher leurs noms au poteau infâmant.....

L'île de Capri que la nature a rendu à-peu-près inabordable en la ceignant de rochers à pic, était depuis deux ans l'objet de la sollicitude particulière du gouvernement Anglais. Depuis cette époque, de nouvelles fortifications avaient été élevées sur les points les moins faciles à défendre ; la citadelle de Capri, les forts Sainte-Barbe, Saint-Michel et Saint-Salvador, présentaient encore des barrières inexpugnables, en supposant qu'un ennemi assez audacieux pour avoir affronté les dangers d'une escalade se fut introduit dans l'île. Les plus fortes positions étaient garnies d'artillerie et trois milles hommes de troupes anglaises et anglo-siciliennes, étaient renfermées dans cette enceinte formidable.

Ces dangers presqu'invincibles contre lesquels allaient joyeusement lutter une poignée de braves français, n'étaient cependant pas les seuls qu'ils eussent à braver. Les Anglais étaient maîtres de l'île de Ponza dont le mouillage plus sûr servait de refuge à la flotte qu'ils entretenaient dans ces mers. Cinq ou six frégates s'y trouvaient toujours à l'ancre, au premier coup de canon et avec un vent favorable ces forces navales pouvaient arriver sous les murs de Capri en moins de deux heures, et venir foudroyer l'expédition ennemie qui tenterait de s'emparer de ce terrible boulevard.

Telles étaient les forces et les élémens de résistance qu'avait sous sa main sir Hudson-Lowe, gouverneur de Capri ! cet homme dont le nom désormais odieux à tout ce qui porte un cœur d'homme, mais qui doit être surtout en exécration à la France, cet homme que, dans sa lâche cruauté, l'aristocratie anglaise choisit pour être le geolier et le bourreau de Napoléon, était alors un de ces officiers que l'Angleterre envoie partout ou le machiavélisme de son gouvernement a besoin d'être représenté. Il avait environ trente-six ans et il était parvenu au grade de général sans que son nom se trouvât mêlé à aucune action d'éclat dans l'histoire militaire de ce temps, si fertile en prodige. C'était un Anglais, au teint et aux cheveux rougeâtres, maigre, efflanqué, de larges taches de rousseur marquetaient son visage comme celles qui parsèment la fourrure du tigre : ses yeux fauves étaient cachés sous d'épais sourcils proéminens de la même couleur que ses cheveux ; sa voix était rauque et ses mouvemens inquiets et agités lui donnaient une ressemblance encore plus frappante avec l'animal auquel nous venons de le comparer. Il n'y avait rien en lui qui révélât l'homme bien élevé, car il n'avait pas même ces dehors, cette élégance de manières qui distinguent la fière aristocratie anglaise. Il était commun, lourd, de mauvaise humeur, ours mal léché, comme on dit en France. Napoléon qui l'a comparé, dans le langage pittoresque de sa colère, à un chef de bandits calabrois a été injuste envers les voleurs des Abruzzes et des environs de Syracuse et de Catane.

Cependant cet Hudson-Lowe avait du moins

la tenacité, qui dans les hommes de cette trempe tient lieu du vrai courage. Comme il avait l'instinct du geolier, il s'était assuré avec beaucoup de soin de tout ce qui pouvait compromettre la sûreté de l'île dont la garde lui était confiée. Il avait fait niveler à la mine et même au ciseau tous les rochers dont les escarpemens avancés dans la mer pouvaient servir de point d'appui, pour en tenter l'escalade, et il avait offert une récompense pécuniaire à tous les hommes de l'île qui pouvaient y pénétrer par une voie qui aurait échappée à ses investigations. On conçoit maintenant quelles difficultés environnaient l'entreprise militaire dont le roi Joachim avait confié la réussite au brave Lamarque, et à seize cents soldats français.

Ce fut dans la nuit du 4 au 5 octobre que les embarcations sur lesquelles nos, soldats étaient répartis quittèrent la rade de Naples avec un vent frais et favorable. Le convoi était escorté de quelques bombardes et chaloupes canonnières dont le feu devait protéger le débarquement. Toute la population de Naples se pressait sur les quais et sur les promenades voisines de la rade,

pour jouir de l'étrange spectacle de la lutte sanglante qui allait suivre ces apprêts, dont la destination n'était un secret pour personne. La résolution calme de nos soldats contrastait d'une
manière étonnante avec la bruyante admiration
de cette population vive et passionnée, qui ap-
plaudissait au courage des Français et levait les
mains au ciel en les recommandant à tous les
saints, parmi lesquels saint Gennaro tient une
place si distinguée.

Quand tout parut terminé, une fusée qui
s'élança de la plate-forme du château de l'OEuf,
traça dans l'air un long sillon de lumière, c'était
le signal du départ. Les amarres furent levées,
les voiles se gonflèrent et les embarcations glis-
sèrent sur la mer aux acclamations des Napolitains. La lune brillante, et qui sous le ciel bleu
de cette latitude rend aux nuits fraîches et par-
fumées tout l'éclat des beaux jours des contrées
plus occidentales, permit longtemps de distinguer à l'horison les longues flammes tricolores
qui se jouaient le long des mâts des embarcations et de suivre la petite flotille qui marchait
sous le vent, leste et riante comme les vaillans
soldats qu'elle portait.

Mais vers le matin la brise faiblit tout-à-coup, quelques nuages électriques se roulèrent dans le lointain comme les vapeurs qui annoncent une prochaine éruption du Vésuve. La mer devint houleuse, et de sombres mugissemens s'élancèrent de son vaste sein, funestes précurseurs d'une tempête prochaine! La fortune va-t-elle briser le courage de nos soldats et favoriser l'Anglais à l'abri derrière des rochers qui se perdent dans les nues? la crainte seule de ne pouvoir se mesurer avec eux agitait nos soldats sans ébranler leur résolution et leur héroïque constance. Sur ces frêles embarcations que les vagues courroucées balançaient dans l'air, ils ne songeaient qu'à la gloire d'abattre l'étendard de l'Angleterre en vue duquel ils étaient parvenus. Le feu de la citadelle et de la ville de Capri ne causa que peu de dommages à l'expédition qui put enfin chercher un point de débarquement le long de ces côtes dangereuses, quand les bombardes et les chaloupes canonnières purent profiter d'un moment de calme pour se mettre en ligne et répondre au canon anglais. .

Mais outre que la mer battait avec violence

contre les rochers, on ne voyait nulle part, en supposant que la prudence permit de s'approcher des côtes, le plus petit espace où le pied d'un homme put se poser. Partout les rochers taillés à pics s'enfonçaient dans la mer et s'élevaient à une hauteur prodigieuse. Le général Lamarque jetait des regards douloureux sur ce champ de bataille si nouveau, où tant de gloire avait du récompenser son audace. Aucuns moyens humains ne se présentaient à son esprit pour vaincre ce premier mais décisif obstacle, que la nature opposait à cette entreprise inouie dans les fastes de la guerre. Cependant quelques embarcations avaient été poussées dans une petite baie où le vent se faisait moins sentir, un grenadier découvrit une chèvre qui broutait des herbes sauvages sur une plate-forme à trente pieds environ au-dessus de la mer. Ses camarades frappèrent dans leurs mains pour effrayer l'animal, qui s'enfuit en effet en grimpant le long d'une côte rocailleuse et difficile; mais qui pour ces hommes intrépides offrait du moins un chemin praticable. Cette observation transmise au général Lamarque, fut saisie par lui avec cette promptitude qui caractérise les hommes de ta-

lent et de résolution. Pour arriver à la plateforme,
il fallait gravir d'abord le rocher qui en formait
la base ; le général ordonna qu'on y appliquât
des échelles dont on s'était heureusement pourvu
à tout hasard. Deux officiers supérieurs, qui sont
aujourd'hui les généraux Martial et Livron, s'é-
lancèrent les premiers. Il fallut ajouter plusieurs échelles à la suite les unes des autres pour
arriver sur le point où l'on pourrait commen-
cer à tenter sérieusement la prise de cette première enceinte de l'île. Le général parvenu au
sommet du rocher, s'écria d'une voix forte : A
moi Latour-d'Auvergne ! — Présent ! mon gé-
ral, répondirent à la fois ses braves compagnons.

Lorsque cinq cents hommes furent comme his-
sés sur cette partie du rivage, il s'agit d'emporter à
l'instant les positions supérieures ; mais déjà elles
étaient occupées par quinze cents Anglais et une
batterie de douze pièces, sous le feu desquels
l'escalade continuait. Le talus par lequel il fallait gravir la côte était tellement étroit qu'il ne
pouvait servir de chemin qu'à un seul homme
de front, et tous ceux qui osèrent s'y risquer
tombèrent sous les balles anglaises. Lamarque

voyant avec douleur les pertes qu'il avait déjà essuyées, et voulant frapper un coup décisif, fit cesser ces tentatives.

Il avait fallu beaucoup de temps pour exécuter cette étrange manœuvre, la nuit s'avançait à grands pas, elle devait favoriser les projets de Lamarque, et lorsque tous les soldats qui faisaient partie de l'expédition furent réunis autour de lui, il ordonna aux chaloupes et aux bâtimens de transport de gagner le large et de retourner à Naples. Cette résolution généreuse fut comprise par nos soldats, il n'y avait pas de milieu à espérer dans cette circonstance, périr sur ce rocher ou chasser les Anglais des sommets..... Les cris de vive l'empereur! annoncèrent à Lamarque que ses braves compagnons étaient dignes de lui.

A peine les ténèbres eurent-elles acquis quelqu'intensité, que le général donna l'ordre de l'attaque. Les Français gravirent les rochers avec leur intrépidité habituelle, sans répondre par un seul coup de fusil au feu des Anglais. Le plus profond silence régnait dans ces files d'hommes se traînant au flanc d'une montagne qui semblait suspendue sur la mer et former une voûte au-dessus de l'abîme; chargés de leur hâvresacs et de leurs munitions, ils n'avançaient qu'avec peine et en s'étayant des ronces qui croissent dans les crevasses des rochers, fragiles appuis qui leur échappaient bien souvent..... Enfin, à peine les Français encore en petit nombre eurent-ils atteints le sommet de cette côte, qu'ils attaquèrent à leur tour les Anglais à la baïonnette. L'ennemi, épouvanté de tant d'audace, ne fit qu'une molle résistance. Un colonel qui commandait ce poste, où l'imagination la plus fertile n'aurait pu concevoir l'idée d'une attaque entreprise du côté de la mer, fut tué au commencement du combat; le régiment entier de Royal-Malte mit bas les armes.

Le fort Sainte-Barbe et Anacapri se rendirent au point du jour. Ce que les Français venaient d'accomplir en peu d'heures était déjà prodigieux; mais maîtres de la haute partie de l'île, ils avaient besoin d'autant de patience et d'autant d'héroïsme pour s'emparer de la partie basse où étaient situées la citadelle et la place de Capri, protégées par deux forts imposans.

- On descend d'Anacapri dans le canton in-
férieur de l'île, par une rampe étroite formée de
rochers superposés comme des gradins et que les
habitans appellent l'*Escalier des Géans*. Il serait
difficile, dans des temps ordinaires, à plusieurs
hommes de front de suivre ce chemin jeté comme
un pont au-dessus de la mer ; alors une batterie
de douze pièces de trente-six, en balayait la base
et protégeait ainsi Capri contre une attaque de
ce côté. Malgré le feu de cette batterie et celui
de vingt chaloupes canonnières qui tiraient con-
tinuellement et à peu de distance sur cette rampe
escarpée , le général Lamarque donna aussitôt
à ses soldats l'ordre de la descendre, tandis que
d'autres traînaient au travers des rochers des
pièces de vingt-quatre qu'ils mettaient en batterie sur le mont Solaro, d'où l'on découvre
toute l'île et qui, par conséquent, domine la
citadelle de Capri.

Cette noble entreprise, digne des intrépides
soldats d'Arcole et de Lodi fut couronnée du
plus heureux succès : deux heures après toute
l'île était occupée par les Français , et les Anglais étaient resserrés dans Capri et la citadelle,

où le feu de la batterie de Solaro, commençait
à porter le désordre.

Les vents contraires avaient retenu en mer
durant toute la journée de la veille et celle qui
commençait, les forces que Hudson-Lowe attendait de Ponza et de la Sicile. Au moment où
la victoire couronnait les efforts inouis des Français, toute la flotille anglaise, composée de six
frégates, cinq bricks, trente bombardes et canonnières, et un grand nombre de bâtimens de
transport, fut signalée et cerna aussitôt l'île.

Les Français s'étaient logés dans les thermes
de Tibère, à l'abri de l'artillerie de Capri; en
peu d'instans ils eurent nétoyé des ruines qui
couvraient le rivage, un espace occupé par la mer
et qui formait un petit port; des batteries y furent aussitôt élevées pour battre la place en
brèche, tandis que d'autres batteries servies à
à boulets rouges, éloignaient de la côte les frégates anglaises qui tentaient de s'en approcher.

On a de la peine à croire possibles ces immenses travaux, exécutés sous le feu de trois
cents pièces de canon, par une poignée d'hom-

mes : il n'y a pas peut-être une plus belle page dans la glorieuse histoire de l'empire.

Les cinq cent mille habitans de Naples étaient témoins des prodiges de nos soldats, mais dans le lointain où cette scène magique se déroulait sous leurs yeux, on aurait dit que les Français accomplissaient une œuvre de l'art et que l'imagination seule pouvait créer de pareils prodiges.

Les assiégés venaient de recevoir un secours de deux cents canonniers et une colonne de cinq cents hommes d'infanterie entièrement composée d'Anglais; ils savaient que trois mille hommes de renfort étaient sur les bâtimens de transport qu'escortaient les frégates, et ils devaient surtout reprendre courage en voyant quel petit nombre de Français avait à leur disputer la possession de l'île. Mais de son côté le roi Joachim, quand la flotte anglaise fut signalée, rassembla toutes les canonnières en état de service et les dirigea sur l'île avec des bâtimens de transport chargés de vivres et de munitions de guerre; ce secours dont les Français avaient absolument besoin, aborda heureusement aux thermes de Tibère, en traversant l'escadre ennemie. Dès ce moment les Anglais qui voyaient tomber sous le canon Français les murailles de Capri, cherchèrent leur salut dans la fuite, et trouvèrent un refuge sur les vaisseaux qui étaient venus pour les secourir. Ils laissèrent au pouvoir des Français les armes, les vivres, les munitions et l'importante artillerie de la citadelle et de Capri, dont le général Lamarque prit possession pour le roi Joachim, aux cris mille fois répétés par ses héroïques soldats, de vive l'Empereur !

Tel fut ce célèbre combat dont nous n'avons pu rapporter que les principaux incidens. Hudson-Lowe et Lamarque n'ont pas eu la même destinée, le premier n'eût point à encourir la disgrâce de son gouvernement, et la providence permit qu'il se vengeât dix ans plus tard sur le chef de l'empire français, de cette honteuse défaite. On sait par quelles infamies un gouvernement d'origine populaire a troublé les derniers jours du glorieux vainqueur de Capri !...

Quelques instans après l'entrée des Français dans la principale place de l'île, un pêcheur s'approcha du général Lamarque qui parut recevoir avec un vif intérêt la communication de ce Capraiote. Aussitôt une chaloupe fut mise en mer, montée par quelques braves soldats du 8ᵉ léger et par le pêcheur qui la dirigea du côté des rochers des Sirènes.

Capri.

IV.

LE ROCHER DES SIRÈNES.

En retrouvant en Lorenza, et d'une manière si inattendue, la femme dont la seule vue avait porté le trouble dans son cœur, d'Herbeville oublia un moment la profonde douleur que la perte de sa sœur lui fesait éprouver. Les grâces naïves et l'étrange beauté de cette jeune fille triomphèrent d'abord de cette résolution qu'il avait prise de sacrifier son bonheur à celui de sa sœur, et l'amour qu'il dédaignait, qu'il pouvait braver quand il s'offrait à lui avec les pompes du monde, avec le cortège grimacier des manières de salon, en triompha dans un instant par une séduction contre laquelle le jeune homme n'était pas préparé. Avec un noble cœur, il avait une imagination d'artiste qui l'entraîna dans ses vives illusions, dans ses extases rêveuses où sa raison succomba enivrée d'espérance et d'amour.

D'Herbeville n'éprouva pas en revoyant Lorenza, en s'assurant de la réalité de l'image gracieuse qui était restée dans sa mémoire et dans son cœur, le désappointement qui suit toujours l'exagération de l'espoir. Il ne ressentit pas cette désaffection triste, ce réfroidissement inexplicable qui accompagne la possession de l'objet le plus ardemment désiré. Il eut cependant encore assez d'empire sur lui-même pour examiner avec quelque liberté la situation dans laquelle il se trouvait. En parlant à son âme, en descendant au fond des plus secrets replis de son cœur, en pénétrant dans cet asile mystérieux de la pensée, il sentit qu'il fallait fuir Lorenza ou la posséder à toujours. La fuir !... elle ! la seule femme qui eût fait impression sur son cœur que l'amour fraternel avait rempli jusqu'alors. Fuir Lorenza, ce miracle de perfection, de beautés, dont le génie de Raphaël n'avait pas deviné l'assemblage idéal en rendant à la terre la reine du ciel ! Et pourquoi ? Pour obéir à l'orgueil des préjugés, aux vanités de l'ambition, à ce néant dans lequel il n'y a ni volupté ni bonheur ? Une autre pensée, vulgaire comme le vice qui flétrit nos mœurs, ne mêla point en lui de licencieuse espérance à ce sentiment pur et chaste qui double notre être, et parsème de joie quelques courts instans de notre vie rapide !

La première fois que Jacopi reparut sur la côte, c'est-à-dire peu de temps après leur dernière entrevue sur le promontoire de Sorrento, d'Herbeville lui fit connaître l'ardent amour qu'il avait pour sa sœur et les intentions honorables dont il était animé envers elle. Le pêcheur reçut cette confidence avec un étonnement, dont le caractère de loyauté empreint dans les aveux de d'Herbeville ne le tira qu'avec peine.

Sa parole d'ailleurs était engagée envers Michaël et il croyait que sa sœur Lorenza n'avait pu sans l'aimer s'être habituée, dès l'âge le plus tendre, à le considérer comme celui qui devait être son époux. Le sentiment de l'égalité, ce lien sympathique qui existe entre tous les êtres qui sont soumis aux mêmes conditions sociales, devait s'accorder avec les espérances et les prévisions de Jacopi.

Étrange faculté des passions vraies ! D'Herbeville n'avait jamais songé à un pareil obstacle, qui se serait présenté aussitôt à l'esprit le plus disposé même à se faire illusion. Cette observation ne lui causa aucune crainte, une voix intérieure le rassurait contre les menaçantes appréhensions de Jacopi. Il lui semblait que lorsque sur le promontoire de Sorrento ses yeux avaient rencontrés ceux de Lorenza, une sorte d'intelligence mystérieuse s'était manifestée dans ce mouvement, passager comme l'éclair, rapide comme l'étincelle électrique ; il lui sembla qu'en descendant la côte rapide par laquelle on communique du rivage du golfe au sommet du promontoire, quelquefois dans des passages difficiles Lorenza s'était involontairement appuyée sur son bras, il avait senti dans sa main la douce pression de la sienne..... Oh! non, Lorenza ne pouvait aimer Michaël!

Ces pressentimens que nous avons tous éprouvés avec plus ou moins de force, car il y a un peu d'amour dans la vie de tous les hommes, n'avaient point trompés d'Herbeville. Lorsque son frère Jacopi, cherchant en vain à dissimuler l'embarras qu'il éprouvait, communiqua à Lorenza l'étrange confidence du capitaine, une pudique rougeur anima le front calme et harmonieux de la belle jeune fille; elle baissa les yeux vers la terre , et le sourire d'une angélique joie vint effleurer ses lèvres. Elle murmura quelques paroles, timides comme son âme, tendres comme ses espérances de vierge, et elle se jeta dans les bras de son frère. Elle aimait aussi, et cet amour c'était le mystère des naïves chansons qu'elle disait à la solitude.

Telles furent les circonstances qui déterminèrent d'Herbeville à pénétrer dans l'île de Capri sous le costume d'un pêcheur napolitain, d'un Lazaronne dont il parlait la langue avec une merveilleuse facilité. Surveillé par les agens d'Amélia, d'Herbeville ne put s'envelopper d'assez de mystère, pour cacher à cette femme superbe et irritée, la cause de son déguisement, elle fut bientôt initiée à tous ses secrets. La jalousie de Michaël, éveillée par la confidence de la noble dame, fut sur le point d'amener un dénouement prompt et terrible, mais les aveux de Jacopi, la tendre amitié qui les unissait dès l'enfance, et enfin son amour même dont il ne pouvait surmonter la puissance, arrêtèrent son bras désespéré et amollirent ce caractère indomptable et passionné, capable à la fois du plus héroïque dévouement et de la vengeance la plus atroce. Enfin l'ascendant d'Amélia l'emporta sur ses irrésolutions et il se décida à exécuter ses ordres, après la scène que nous avons rapidement esquissée plus haut.

L'attaque de Capri était décidée, la compagnie de d'Herbeville devait faire partie de cette glorieuse expédition ; mais le jour quelque prochain qu'il paraissait devoir être, n'était pas encore fixé. Cette circonstance fit naître les pré-

paratifs d'une union nécessaire désormais au repos, au bonheur de d'Herbeville; il pouvait
succomber dans cette action prochaine, dont il
se trouvait à même maintenant d'apprécier la
gravité et les dangers. D'ailleurs il était impossible que les secrets agens des Anglais, entrete-
nus à grands frais sur le continent, n'eussent
pas prévenus le gouverneur de l'attaque dont il
était menacé. Cette nouvelle avait dû redoubler
la vigilance de cet officier qui ne passait pas pour
être fort scrupuleux sur le choix des moyens
qu'il employait dans l'intérêt de sa sûreté. Depuis quelque temps Michaël rôdait sans cesse
autour de la cabane de Jacopi, et ce témoin
dangereux, à cause de ses anciennes relations
avec Lorenza, à cause des espérances qu'il avait
longtemps nourries de devenir son époux, pouvait se laisser entraîner à un mouvement de
vengeance et de jalousie, et perdre d'Herbeville.

En conséquence, Jacopi alla trouver l'évêque
d'Anacapri, l'évêque *des Cailles*, comme les
habitans de l'île appèlent ce prélat, parce que
ses revenus sont en grande partie le fruit de la
vente de cet oiseau de passage, qui se plaît dans

l'île et y vient en nombre immense à certaines époques de l'année. C'était un vénérable vieillard, doux et tolérant, plus éclairé que ne le sont malheureusement la plupart des prélats italiens. Il écouta avec bonté le récit de Jacopi et il permit que le mariage fut immédiatement célébré, durant la nuit et dans l'église métropolitaine.

Ces derniers incidens eurent lieu le lendemain de l'entrevue, à Naples d'Amélia et de Michaël. Le pêcheur en eût sans doute connaissance peut-être même par l'entremise de Jacopi, qui ne pouvait concevoir aucun soupçon sur la loyauté de son plus cher compagnon. Il est vrai qu'au moment où il fallut obéir à la fière Amélia, Michaël retomba dans ses incertitudes et ne se ressouvint plus que de son amour pour Lorenza. Un peu d'espérance est toujours caché au fond des plus profondes déceptions de l'amour. Le pêcheur voulut revoir encore une fois sa chère Lorenza dans l'intention de la détourner de ce qu'il croyait n'être qu'une folle et capricieuse passion pour un étranger. Mais cet entretien n'eut point l'issue qu'il en attendait, il jeta le trouble dans l'âme de Lorenza, sans lui inspirer aucun regret qui eut donné à Michaël quelqu'espoir pour l'avenir. Il la quitta en proie au plus violent chagrin , et quand il lui dit adieu, son funeste dessein éclata dans son regard sombre et dans ses traits décomposés par la colère.

La barque où les fiancés avaient été déposés fut dirigée vers les rochers des Sirènes, une brise fraîche enfla la petite voile latine qu'elle portait, et favorisa le projet des ravisseurs, en les dispensant de se servir de la rame. On avait séparés à dessein les deux victimes, et d'Herbeville, que cet acte de violence avait un moment privé de sa force naturelle et de son énergie , cherchait vainement dans son esprit le mot de cette fatale énigme. Il crut d'abord qu'il était au pouvoir des Anglais, mais les ravisseurs ne prononcèrent pas une seule parole qui put confirmer ou détruire ses soupçons, cependant lorsque couché sur le pont de la petite embarcation , il éprouva les effets du roulis, il commença à soupçonner la vérité. On n'avait jusqu'alors employé envers lui d'autres moyens de contrainte que ceux qui mettent un seul homme à

la disposition de plusieurs, et il put enfin soulever au-dessus de sa bouche, la pièce de drap
dans laquelle on l'avait enveloppé.

— Qui êtes-vous, dit-il, et que me voulez-
vous? Ne craignez-vous pas d'avoir commis une
erreur? et si vous êtes Napolitains et que ce soit
bien moi qu'en effet vous ayez eu l'intention
d'outrager à ce point, par un motif que je ne
puis comprendre, vous saurez ce qu'il en coûte
pour oser traiter un officier français avec cette
indigne lâcheté.

— Paix, excellence, dit une voix d'un ton péremptoire, nous ne sommes pas ici pour vous
obéir, ni pour répondre à vos questions.

—Mais Lorenza, s'écria-t-il douloureusement,
ne pouvez-vous me dire si elle partage mon sort?
Qu'en avez-vous fait?

— On ne sépare pas d'aussi beaux fiancés,
reprit la même voix, elle est avec vous Lorenza.

Et un éclat de rire grossier suivit ces paroles.

— Lorenza, ma chère Lorenza, dit d'Herbeville, est-il vrai que tu sois près de moi?

— Eugénio! répondit-elle d'une voix que la terreur avait altérée, ce n'était donc pas ta main qui pressait la mienne!..... Eugénio, Protège-moi!

— Malheur! malheur! s'écria d'Herbeville en faisant, pour se débarrasser du voile dans lequel il était enveloppé, un mouvement qui fut aussitôt réprimé.

—Par la mort! dit quelqu'un à voix basse, si ce n'est pas le Monocello qui danse là bas avec ses chaînes de fer rouge, il faut qu'il se passe à Naples quelque chose d'extraordinaire : je viens d'apercevoir à l'horison comme des traînées de feu qui ont passé dans l'air.

— Paix! nous arrivons, reprit la première voix d'un ton d'autorité.

Les bras vigoureux qui avaient saisis d'Herbeville dans l'église d'Anacapri, l'enlevèrent de nouveau. Il sentit qu'on le déposait sur une plage dure et unie.

— Seigneur d'Herbeville, dit encore la voix, mais qui paraissait déjà dans le lointain, la noble Amélia Manfrédonia vous souhaite une bonne nuit de noces.

— Amélia ! infâmie ! s'écria-t-il en parvenant enfin à rejetter le voile importun qui lui couvrait les yeux. Oh ! Lorenza ! me pardonneras-tu ton malheur ?

— Eugénio ! mourir déjà, mais mourir ensemble, c'est encore du bonheur.....

La lune brillait dans le ciel, l'air était calme et pur, et un silence majestueux régnait dans la vaste étendue. Ils étaient sur un rocher de forme bizarre, dont la vague inondait d'une blanche écume les bords peu élevés ; la surface de cet écueil solitaire était parsemé de galets qui ressemblaient à autant de siéges en pierre, taillés au ciseau par la main des hommes. C'est là que dans la poétique antiquité venaient quelquefois s'asseoir les sirènes, avec leurs longues chevelures soyeuses, leur sein de neige et leur voix harmonieuse mais perfide, qui calmait la tempête et trompait les nochers, quand, émus de leurs plaintes touchantes, ils laissaient entraîner leurs galères contre ces dangereux brisans. Il y avait quelque chose de cette fatalité impitoyable de l'antiquité dans la scène de désolation qu'offrait à cette heure de la nuit l'un des rochers des Sirènes. Deux êtres nobles et purs, un jeune homme ardent et généreux, une vierge encore parée comme une fiancée et le front couronné des blanches et odorantes fleurs de l'oranger, jetés sur ce rescif désolé, seuls au milieu des flots durant cette première nuit d'espérance et de joie, nuit délicieuse, où la pudeur ne rougit plus de sa nudité virginale, où les mystères de l'amour se révèlent dans des baisers de feu, où les plus doux rêves se réalisent! et cette nuit sera pour eux une veille funèbre, une nuit d'angoisse et de désespoir....

A peine d'Herbeville, tout palpitant de colère et de douleur, eut-il repris la liberté de ses mouvemens et revu le ciel pâle qui se déroulait comme une vaste tente au-dessus de la mer silencieuse, qu'il s'élança vers Lorenza étendue sur le rocher où elle était demeurée à peu de distance de lui, froide et inanimée. Il arracha avec anxiété la pièce de drap dans laquelle on l'avait aussi enveloppée, la saisit dans ses bras, la pressa contre son cœur, la couvrit de baisers délirans, et bientôt la vie recommença à circuler dans ses membres glacés, et sa voix tremblante lui laissa entendre quelques douces paroles; puis ils s'assirent sur l'un des galets qui parsemaient le rocher. D'Herbeville promena autour de lui des regards attristés, qu'il reporta aussitôt sur sa belle fiancée qui cachait sa tête sur son sein. La brise légère faisait flotter son voile blanc, comme le signal de détresse qu'inspire l'industrieux amour de la vie à de pauvres matelots jetés par la tempête sur des côtes désertes. Ses yeux étaient à demi fermés et ses beaux traits, dont une poétique pâleur n'altérait pas la merveilleuse régularité, étaient empreints d'une résignation mélancolique qui en faisait ressortir le noble caractère. D'Herbeville, un bras passé autour de sa taille, la regardait dans un douloureux désespoir. Un silence sombre régnait autour d'eux, et l'espérance n'avait point de place dans cette vaste étendue que remplissaient les flots et le ciel qui commença peu après à se couvrir de nuages; une vague lumière qui brillait à l'horison, indiquait la place qu'occupait Naples. De temps en temps les rayons de la lune, qu'obscurcissaient en passant d'épaisses nuées, tombaient sur les cîmes de Capri, et leurs rochers blanchâtres, avec leurs formes coniques et capricieuses, ressemblaient à des fantômes gigantesques qui se heurtaient dans l'air.

Cependant c'était l'heure où l'expédition française, dirigée contre l'île quittait la rade de Naples. Un sourd mugissement s'élevait du sein de l'abîme, et le vent qui commençait à souffler avec force, gémissait en s'infiltrant dans les crevasses du rocher, comme une voix douloureuse qui annonçait la tempête.

— Lorenza, ma bien-aimée, dit d'Herbeville, voici le jour, prends courage, Dieu nous enverra du secours.

— Eugénio, comme la brise est fraîche, répondit Lorenza en souriant avec tristesse, voilà peut-être tout le secours que Dieu nous enverra. Tu ne sais pas?.... nous sommes ici sur un rocher qu'évitent avec soin les grandes voiles, et où les plus hardis pêcheurs de Capri n'abordent que rarement. Ne vois-tu rien auprès de nous?..... Cette clarté que tu prends peut-être pour le jour, c'est le Monocello, le démon que saint Nicolas a enchaîné. Son souffle donne la mort.... Ah! j'ai peur. ....

— Je suis avec toi, Lorenza, ne crains rien... Il n'y a point ici de Monocello enchaîné; c'est une vaine superstition de ton pays que cette croyance...

— Ne crois pas cela, au nom de Dieu et de la Vierge! Mais tu dis vrai, le jour se lève, et je commence à te voir.... Comme tu es triste, mon Eugénio, c'est que tu te souviens, n'est-ce pas, mon bien aimé, du rêve que je t'ai raconté dans l'église d'Anacapri!

— Innocente victime! ô ma Lorenza, c'est moi qui ai attiré ce malheur sur ta tête. Oui, tu subis l'effet d'une vengeance qui ne menaçait que moi, qui ne voulait que ma tête: et cependant aucun reproche ne sort de ta bouche et ne vient augmenter mon désespoir... Lorenza, mon amour, que Dieu te protège!...

— Une vengeance! tu crois?... pauvre Eugénio, que tu es bon de penser ainsi à moi. Oh! cette vengeance eût été plus cruelle si elle n'eût atteint que toi, je serais morte à présent, morte de mon désespoir... et je te vois! c'est encore de la vie, du bonheur!...

— Nuit fatale! oh! qu'elle devait être différente, n'est-ce pas Lorenza? Cette nuit... elle va finir, notre couche nuptiale est solitaire, et tu n'es pas à moi, à moi toute, avec ton âme, ta vie.... à moi seul pour toujours...

— Que dis-tu? s'écria Lorenza palpitante d'une terreur soudaine; non, je ne suis pas à toi... Eugénio, pardonne... le prêtre!... oh! le prêtre n'est pas venu!

Et elle voulut s'éloigner de son fiancé, une rougeur subite scintilla sur son front pâle, et elle croisa les mains sur sa poitrine.

— Viens, ma Lorenza, mon épouse bien-aimée, dit le jeune homme avec tendresse en faisant de légers efforts pour la ramener dans ses bras, nous sommes seuls en présence de Dieu, c'est lui qui va bénir notre union... Viens mon âme, viens sur mon sein.

— Eugénio, reprit-elle en se jetant à genoux, aye pitié de ta fiancée ; invoquons la Vierge qui est assise à la droite de son fils, elle protège auprès de lui les malheureux et les opprimés... Sainte Vierge Marie, priez pour nous !

— Enchanteresse ! dit d'Herbeville avec exaltation en s'agenouillant auprès d'elle ; oh ! tu resteras pure comme les anges auxquels tu ressembles par la beauté, et s'il faut mourir sur cet affreux rocher, que ton âme s'envole sans tache vers sa demeure éternelle.

Ils prièrent tous deux avec ferveur, et lorsque plus tranquilles ils reprirent la place qu'ils occupaient avant cet incident, l'aurore chassait devant elle les étoiles, qui ne jetaient plus dans le ciel que des lueurs blanchâtres et vacillantes, mais elle ne se levait pas radieuse et belle comme elle aime à se montrer à ces contrées. D'épais nuages obscurcissaient l'horison, le jour était triste et sombre, et des raffales d'un vent humide et brûlant glissaient sur la mer qui semblait bouillonner comme l'eau d'une chaudière, et dont les vagues irritées venaient se briser avec un bruit affreux contre les rochers des Sirènes. . . . .

. . . .

— Eugénio ! Eugénio ! s'écria Lorenza avec l'accent de la joie, ne vois-tu pas là-bas..... là-bas, du côté de Naples, cette foule de voiles qui couvrent la mer?... Oh ! la bonne Vierge nous a entendus, et voilà que déjà elle envoie à notre secours. Voici la flotte qui s'avance avec majesté... le vent la pousse vers Capri...

— Puisses-tu te tromper, Lorenza, reprit d'Herbeville avec vivacité..... Malédiction ! déshonneur sur moi; oui, j'en suis certain maintenant, je reconnais notre pavillon... Oh ! Lorenza, c'est à présent qu'il faut mourir.

— Mourir !... et ce sont tes compatriotes, tes amis, tes soldats, peut-être... tu te joues de ma douleur, Eugénio, n'est-ce pas que ce sont des libérateurs ?

— Tiens vois-tu ces drapeaux aux trois couleurs qui se dessinent si noblement à cette heure dans l'azur du ciel, Lorenza, j'avais fait serment de ne les quitter qu'à la mort..... et voilà mes braves compatriotes qui vont combattre les Anglais et je n'y serai pas... personne ne répondra au nom de d'Herbeville ! oh ! mon père... pardonne.

— Oh ! qu'as-tu donc, Eugénio? te voilà sombre comme ce jour d'orage, tu es pâle et abattu.. tu souffres ! oh ! qu'as-tu donc?

— Tu ne peux pas comprendre, Lorenza, les tourmens qui déchirent mon cœur, tu ne sais pas combien l'honneur militaire est une puissance austère et impitoyable... Oh ! la mort ! la mort ! Laisse-moi, ma Lorenza, je ne puis plus être à toi, le dernier pêcheur de Capri est maintenant un époux plus digne que moi de ta main... Je suis déshonoré....

— Le déshonneur à toi : à toi, Eugénio... jamais. Ton noble cœur ne peut connaître la honte; toi, le plus loyal et le plus brave des hommes : Non, te dis-je, il y a une justice sur la terre qui doit te protéger ; te punirais-t-on du crime qu'on a commis envers toi?

— Merci, ma Lorenza, merci... Va, cette justice dont tu parles n'existe point sur la terre; elle demande au soldat : Qu'as-tu fais de ton drapeau? Et s'il garde un triste silence, elle l'appelle lâche... Oh! ce mot terrible tomberait sur mon front comme l'empreinte d'un fer rouge.

— Mon dieu! mon dieu! que lui dire maintenant? Voilà qu'il ne m'entend plus, non la voix de Lorenza ne vient plus jusqu'à ton cœur. Mon Eugénio! au nom du ciel réponds-moi... et tu pleures... qu'allons-nous devenir? Entends-tu le tonnerre?... Oh! la tempête sera horrible.

— Ce n'est pas le bruit du tonnerre, Lorenza, c'est le canon qui gronde... Les voilà dans les eaux de Capri, mes braves compagnons : et le capitaine d'Herbeville , où est-il?... Ne m'arrête plus, Lorenza, adieu. Adieu, tout ce que j'aimais sur la terre... Adieu !...

— Oh ! reviens à toi, au nom de ta sœur, de ton Ernestine, dont tu m'as parlé tant de fois... mon dieu ! mon dieu !...

Elle était à genoux, les mains levées vers le ciel, d'Herbeville sur le point de s'élancer dans la mer, s'était arrêté sur le bord du rocher que les vagues mugissantes couvraient d'une blanche écume. Les accents de cette voix touchante avaient pénétré jusqu'à son cœur comme la vibration d'un instrument harmonieux nous cause un frémissement dont le mystère est inconnu. Ils suspendirent l'effet de sa résolution désespérée... Les bras croisés sur sa poitrine, il considérait dans un sombre désespoir l'angélique douleur de sa compagne, des larmes roulaient dans ses yeux, des sons inarticulés brisaient avec peine ses lèvres contractées.

.   .   .   .

.   .   .   .

— Oh ! quelle longue nuit, Eugénio, mais

elle était belle, n'est-ce pas? la fête était délicieuse... partout des fleurs et des fruits... mon ami, j'ai soif...

— Pauvre Lorenza!... je n'ai rien... Au secours! au secours!... reviens à toi, ma bienaimée, vois il me reste encore un peu de force et de courage, je souffre de ta douleur, je pleure comme toi.., tu n'as pas voulu mourir... Maintenant, écoute-moi, ne me reconnais-tu plus, Lorenza?

— Jacopi! Jacopi! mon bon frère, ne me quitte plus, j'ai peur de Michaël... Il m'a parlé d'une grande dame de Naples dont je dois craindre la colère, et pourquoi cela? il veut deviner mon secret, il m'écoute lorsque je chante à l'ombre du grand mûrier. Ne puis-je redire dans le secret du soir une de nos chansons des temps anciens?... Es-tu là, Jacopi? Donne-moi ma mandoline dont les sons te rendent pensif et rêveur... Voici ma chanson...

« En vain dit-on à la plaintive colombe que le » temps des amours est venu pour elle, savez-vous

» pourquoi elle s'en va dans la solitude des bois,
» savez-vous si son cœur est encore à donner? Oh!
» laissez-la seule comme moi. Je me plais à racon-
» ter ma peine aux arbres de la colline, aux vents
» légers du matin qui se jouent dans ma cheve-
» lure, et l'on me dit aussi : Néida, voici le temps
» des amours, les beaux jours passent comme les
» fleurs de l'églantier. »

« Laissez passer mes beaux jours comme les
» fleurs de l'églantier... ne venez point... dire à
» ma mère... votre fille... est belle !... »

—Et Dieu nous oublie sur ce rocher brûlant..
Lorenza! Lorenza !... elle ne m'entend plus ; ô
ma fiancée, ma compagne, il y avait tant d'a-
mour et d'espérance dans ton sourire... Maintenant la soif, la faim... le désespoir, Lorenza
c'est moi, c'est Eugénio...

— Qui m'appelle? ah! c'est toi, mon Eugénio... ne trouves-tu pas que le soleil est brûlant... une brise! une brise! ou la mort. Non
pas la mort, je me sens mieux maintenant; ton
haleine me rafraîchit....comme je suis faible...

on dirait qu'il passe dans ma tête une vapeur sombre et épaisse comme des flocons de nuages... Le temps est beau ! Le tonnerre ne gronde plus dans le ciel, vois omme l'île où je suis née est belle et verdoyante, elle n'est plus environnée de feu. Sais-tu, Eugénio, que les Français sont terribles...

— Oui, Lorenza, ils ont bravement affronté tous les dangers, ton île leur appartient, j'apperçois sur le sommet d'Anacapri notre aigle et notre drapeau, je les salue !... je ne les suivrai plus dans les combats, mes soldats n'obéiront plus à ma voix... désespoir !...

— N'est-ce pas un horrible attentat, Eugénio, que celui dont nous sommes victimes... crois-tu qu'il y ait pour ceux qui l'ont commis un pardon à espérer?... Elle ne t'aimait pas cette femme cruelle dont tu m'as parlé, non elle ne t'aimait pas ; te condamner à mourir ainsi, quelle horreur !... Mais que fait donc Jacopi ! pourquoi ne vient-il pas ? il m'a semblé tout-à-l'heure qu'il était avec moi, que je le voyais sous le grand mûrier où nous avons joué dans notre enfance. Jacopi !... mon frère !... Il n'y a point d'écho ici... j'ai soif...

— Le combat est fini, Lorenza, j'ai vu fuir les derniers vaisseaux anglais, prends courage encore, on va venir à notre secours... Amélia ! infâme !...

— Ne la maudis pas, Eugénio, nous sommes mourans, vois-tu, je le sens, n'emportons pas dans le ciel cette pensée qui serait comme une tache sur nos fronts...

— O mon ange !. . . . .
. . . .

Puis ils retombaient dans un délire effrayant , c'étaient cependant leurs plus heureux momens. Le soleil frappait d'aplomb sur cette roche solitaire, et la réfraction de ses rayons y produisait une chaleur qui les tuait... Mourir de soif, sentir ses lèvres se dessécher au milieu des eaux dont un invincible dégoût nous éloigne !... voir à une courte distance des ombrages délicieux, de l'eau, des fruits et des fleurs... Oh ! ce supplice est affreux ! mais la nature ne permet pas que nous puissions l'éprouver dans toute son horreur. Il arrive un instant d'épuisement et de douleur, où l'homme ne sent plus l'étendue de ses maux, les dernières heures de ce supplice sont des heures de délices et de joie. Sa raison l'abandonne et alors un phénomène intellectuel éclate en lui, le transporte dans un autre ordre de réalités. Une boisson raffraîchissante et salutaire coulé sur ses lèvres, il respire sous des bosquets enchantés et, avant que la mort se soit saisie de son corps, il est déjà entré dans une autre vie, dans cette vie céleste promise par la Providence à la science et à l'infortune.

Voilà ce qu'ils éprouvaient, mais à un degré plus anomal, parce que jeunes tous deux, pleins de force et de santé, si ces besoins cuisans qu'ils ressentaient et qu'ils ne pouvaient satisfaire les plongeaient de temps en temps dans cet état extatique, la puissance de leur organisation les en retiraient par intervalle. Ils avaient ainsi la conscience de leur malheur en rentrant dans les conditions de la vie ordinaire, ils recouvraient l'exercice de leur raison jusqu'au moment où une faiblesse nouvelle les replongaient dans cet existence d'hallucinations d'où ils sortaient à peine. D'Herbeville avait assis Lorenza sur les voiles épais dont les ravisseurs s'étaient servis, ils la protégeaient contre la réfraction du rocher, tandis qu'à demi penché vers elle il s'efforçait de la préserver des rayons du soleil qui tombaient perpendiculairement sur eux. Mais déjà il avait éprouvé lui-même plusieurs fois les tourmens horribles de la soif sous lesquels Lorenza était près de succomber, il ne se soutenait plus qu'avec peine, sa tête languissante et faible tombait sur son sein, ses idées devenaient confuses, il ne comprenait plus l'espérance.....

Cependant la seconde journée allait finir, le soleil venait de disparaître derrière les hautes montagnes de Capri, une brise fraîche et parfumée circulait dans l'air, elle apporta quelque soulagement à leurs maux... Ils semblèrent sortir en même temps d'un long sommeil; ils se regardèrent en souriant. Lorenza passa sa main blanche et agitée d'un tremblement léger sur le front de d'Herbeville, elle jouait avec ses cheveux que la brise soulevait; puis leurs regards se perdaient dans l'horison, où ils semblaient encore chercher une voie de salut... Tout-à-coup un éclair de joie sillonna les traits pâles de Lorenza, elle essaya de parler, mais elle ne put que former des sons inarticulés, et soulevant le bras avec effort, elle montra à d'Herbeville un objet qui lui apparaissait dans le lointain.

— Une voile ! dit-il avec effort ; la Vierge que tu as implorée, Lorenza, a-t-elle donc enfin entendu ta prière?...

— Elle approche rapidement... vois comme cette frégate majestueuse et belle s'avance sur les flots.... détache mon voile.... agite-le dans l'air, mon Eugénio... Sainte Vierge, priez pour nous... Ils t'ont vu, Eugénio!...

— Quel est ce pavillon?... Oh! je le reconnais, ce sont les étoiles américaines, c'est un drapeau de liberté... Oh! tu ne mourras pas! .

. . . .

Lorsque la barque conduite par Jacopi, et qui portait aussi quelques soldats de la compagnie de d'Herbeville aborda aux rochers des Sirènes, ce lieu était entièrement désert, le bruit des va-

gues qui venaient s'y bris   était le seul qu'on
entendit.

— Damnation et malheur ! s'écria Jacopi,
Michaël m'a trompé, l'infâme !...

— Un moment, mon camarade, dit le sergent
Martin, voilà quelque chose sur cette pierre...

Jacopi s'élança vers l'endroit désigné et trouva
sur l'un des galets le scapulaire que Lorenza avait
naguères brodé pour le libérateur de son frère ;
un papier qui l'enveloppait portait écrite au
crayon cette suscription : *A Jacopi Bertholdo,
de Capri.* Il le déploya avec empressement, le lut
rapidement, leva les yeux vers le ciel, et ôtant
avec gravité son bonnet de laine rouge :

—Camarades, dit-il, c'est la volonté de Dieu,
le capitaine d'Herbeville est mort !

— Mort ! répondit le sergent, tant pis, notre
capitaine était un brave homme, mais le lieutenant Chopart n'en sera pas fâché. Au large, mes
bons enfans.

Le capitaine d'Herbeville fut donc porté comme mort sur les contrôles du régiment, et le lendemain, lorsque le général Lamarque fit demander le pêcheur Jacopi pour obtenir de lui quelques renseignemens sur cet étrange événement, on ne le trouva plus dans l'île, il n'y revînt jamais.

SUZANNE ROUGET.

Il n'y a que celui qui aime qui puisse entendre ce langage.

Imitation de Jésus-Christ.

Suzanne Rouget.

(1812).

I.

SMOLENSK.

La campagne de Russie, dont le dénouement devint si funeste à la puissance de Napoléon et aux grandeurs de la France impériale,
ne fut pas comme on l'a cru longtemps, une de
ces entreprises périlleuses qui accusent le génie
inquiet et ambitieux du chef d'un grand état.
Des causes politiques à peu près irrésistibles dé-

terminèrent cette lutte dans laquelle s'épuisa le vol de nos aigles. C'est ainsi que l'avenir anéantira successivement les absurdes accusations dont l'esprit de parti a voulu souiller la gloire de Napoléon. L'état de guerre dans lequel son règne fut entraîné occasionnait aux peuples des souffrances réelles, il fut un fléau dont les suites ne sont pas encore entièrement effacées. La haine aveugle et stupide des hommes de l'étranger, pour qui l'ordre n'est pas autre chose qu'un despotisme étroit et sans gloire, a saisi avec avidité ce moyen de ruiner une popularité sans exemple dans les annales du monde. Les droits de la raison, méconnus un moment ne peuvent être perdus entièrement sur la terre et il vient un temps où elle impose sa parole souveraine aux misérables sophistes qui ont essayé de la pervertir. La puissance de Napoléon comme les fautes qui la brisèrent enfin, ne sont point encore appréciées, et ce n'est pas dans les faits qu'il faut chercher la main qui le conduisit au pouvoir et qui le renversa de son char de victoire.

Quoiqu'il en soit, la campagne de Russie atteste la fin de la mission de Napoléon, comme

la guerre d'Espagne avait été un dernier aver-
tissement de la puissance providentielle qui se
retirait de lui. Cette campagne si désastreuse,
pour la France, donna aux destinées européen-
nes une direction nouvelle et leur créa cet avenir
inconnu vers lequel elles s'avancent, avec leur
civilisation et leurs lumières. Des causes politiques, dont nous avons parlé et qui décidèrent
la lutte terminée en 1815 dans les champs de
Waterloo, deux surtout contribuèrent puissam-
mment à amener ce résultat. Bien qu'il n'appar-
tienne qu'à l'histoire d'analyser complètement les
circonstances prédominantes et les conséquences
sociales de ces grands événemens, nous pouvons
exposer brièvement ici leur caractère général.
L'une de ces causes se rattache essentiellement
aux intérêts et à la constitution politique de la
Russie, l'autre au nouveau droit public européen que Napoléon avait voulu établir.

Le traité de Tilsitt avait profondément hu-
milié la Russie. L'influence que cet empire
exerçait depuis un demi siècle dans les affaires
de l'Europe se trouvait neutralisée, elle était
venue expirer sur les bords du Niémen. Le jeune

czar lors de son entrevue célèbre avec le vainqueur de Friedland n'avait pu résister à son ascendant personnel aussi invincible que celui de
ses armes ; il avait même été séduit par les plans
merveilleux que Napoléon avait exposé à son
imagination un peu orientale. La noblesse russe,
dont les principes de la révolution, cachés toujours derrière les aigles de l'empire, épouvan-
taient l'avenir, n'avait vu qu'avec chagrin une
alliance où la Russie ne paraissait nécessairement
qu'en seconde ligne. Alexandre fut bientôt
entraîné malgré lui dans une opposition qui
éclata jusqu'au sein de sa cour, où elle trouva
auprès de lui des influences qu'il ne pouvait entrer dans sa pensée de combattre. D'ailleurs
l'omnipotence du czar ne le mettait pas à l'abri
du sort de Paul Ier., et il céda à ce torrent contre
lequel sa résistance eut peut-être été impuis-
sante. La diplomatie russe ne tarda pas à se
ressentir de cette réaction soudaine, et ses notes
devinrent tellement insolentes, que Napoléon ne
pouvait, sans décheoir du haut rang où la victoire
l'avait placé, tolérer plus longtemps ses insinua-
tions audacieuses.

Il y avait au fond de la politique russe un autre cause non moins flagrante d'une rupture inévitable. Le blocus continental, idée fixe de Napoléon et dont il n'est permis à personne de juger, même aujourd'hui, la haute portée sociale, avait été imposé à la Russie par le traité de Tilsitt. Les intérêts du commerce de ce pays, d'où les Anglais tirent une immense quantité de produits, s'opposaient formellement à l'exécution de cette clause, rigoureusement exigée par le vainqueur comme la condition essentielle de la paix. Il ne fut donc pas difficile à l'Angleterre de faire agir dans cette circonstance les ressorts odieux de sa politique et de semer partout le mécontement, afin de recueillir la guerre. Ses intrigues machiavéliques eurent un plein succès, et Napoléon, quoique préparé depuis longtemps à ce grand événement, ne commença qu'avec une répugnance marquée cette campagne, où, suivant la cosmogonie ossianique qu'il s'était créée, il vit pâlir son étoile. Cet homme, quoiqu'on ait pu dire, n'aimait pas les grandes choses qui lui paraissaient inutiles, sa réputation de général n'était pas à faire, son génie n'était pas mis en doute, toute son histoire était écrite et la gloire n'y pouvait plus

trouver une bien grande place. La proclamatior
datée du 22 juin 1812 et du quartier général de
Wilkowzinski explique parfaitement ses intentions et la généreuse colère que lui avait inspirée
le manque de foi de la Russie. Entouré d'une
armée de quatre cent-cinquante mille hommes,
où se trouvaient les nombreux auxiliaires que
la victoire lui avait donnés en Allemagne, il
adressa à ses braves soldats et au monde les paroles suivantes :

Soldats !

» La seconde guerre de Pologne est com-
mencée, la première s'est terminée à Friedland
et à Tilsitt. A Tilsitt, la Russie a juré éternelle
alliance à la France et guerre à l'Angleterre,
elle viole aujourd'hui ses sermens ; elle ne veut
donner aucune explication de son étrange conduite, que les aigles françaises n'ayent repassé
le Rhin, laissant par là nos alliés à sa discré-
tion.

» La Russie est entraînée par la fatalité ! ses
destinées doivent s'accomplir. Nous croit-elle

donc dégénérés? Ne serions-nous plus les soldats d'Austerlitz? Elle nous place entre le déshonneur et la guerre, le choix ne sera pas douteux. Marchons donc en avant! Passons le Niémen, portons la guerre sur son territoire; la seconde guerre de Pologne sera glorieuse aux armées françaises, comme la première; mais la paix que nous conclurons, portera avec elle sa garantie, et mettra un terme à la funeste influence que la Russie a exercée depuis cinquante ans sur les affaires de l'Europe!... »

La fatalité! C'est ainsi, Napoléon! que tu sacrifies au Dieu inconnu et que tu renonces à ton alliance avec le Dieu véritable qui t'avait frayé le chemin du trône, pour que tu fusses un messie de civilisation et que tu aidasses l'humanité à accomplir sa destination. La fatalité! ce sera sur toi qu'elle étendra sa main de fer, et son aveugle caprice va désormais te guider sur les champs de bataille où ton génie, réduit aux seules inspirations humaines, se brisera devant la volonté toute puissante que tu as méconnue!...

Tels furent les vrais motifs de cette campagne

lointaine qui a excité contre la prétendue ambition de Napoléon la verve des sentimentalistes
de Coblentz. Mais notre intention n'est pas de
rapporter dans tous leurs développemens les
événemens extraordinaires qui en furent la conséquence. Ce n'est pas sous leur point de vue
social que nous voulons les envisager. Une passion obscure surgissant du sein des passions
qu'excitent les grandes tempêtes politiques est
le sujet de cet épisode, simple histoire d'un
cœur naïf et bon.

L'armée française avait passé le Niémen à
Kowno, et tandis qu'avide de dangers et plus que
jamais enthousiaste de son chef immortel, elle
s'avance au sein de ces immenses plaines où la
victoire ne lui sera encore fidèle un moment que
pour rendre plus éclatans les revers qui atten-
dent son courage, nous nous arrêterons sur les
bords de la Wilia qu'elle venait de franchir.

Un immense convoi de voitures de transport,
d'équipages de tout genre, n'avait pu suivre les
divers corps de la grande armée auxquels ils
appartenaient. Les ponts sur lesquels s'effectuait

le passage avaient été endommagés par l'artillerie et les caissons chargés de munitions. Il en
était résulté un désordre qui n'avait rien d'effrayant, mais que les cris des vivandiers et des
cantinières, les emportemens des fournisseurs
et les croassemens de cette nuée de vautours qui
volent autour des camps, rendaient un tableau
peu digne de la brillante armée dont on apercevait les bivouacs de l'autre côté de la Wilia.

Une division d'infanterie légère, qui dé-
bouchait dans ce moment de toutes les routes
voisines de Kowno, ne put se frayer un passage
au travers de l'encombrement qui régnait sur
les ponts de bateaux. Le général fit alors chercher un gué que les paysans polonais indiquè-
rent aussitôt, et la division toute entière, sans
que les régimens perdissent leur ordre de marche, entra dans le fleuve. Ce mouvement avait
été remarqué par une femme qui conduisait une
voiture couverte d'une toile cirée sur laquelle
quelqu'artiste de l'armée avait peint un aigle
avec de l'ocre jaune. On lisait des deux côtés
cette redoutable inscription : 1er. RÉGIMENT DES
CHASSEURS A PIED DE LA VIEILLE-GARDE !

Cette femme était sur le devant de son équipage de guerre, armée d'un long fouet qui atteignait plus souvent les conducteurs que les chevaux des autres voitures qui embarrassaient le chemin. Elle recueillait ainsi un assez bon nombre d'épithètes insultantes qui étaient comme autant de balles mortes, dont elle ne redoutait point l'effet. Mais quand le gué fut découvert et que la division d'infanterie commença à entrer dans la Wilia, l'enthousiasme et la joie dont elle se sentit transportée faillirent devenir funestes à ses voisins ; elle stimula le zèle de son cheval qu'elle lança hardiment au travers de la foule et distribua à droite et à gauche, d'une main habile et exercée, une quantité de coups de fouet proportionnée au désir qu'elle avait d'arriver sur les bords du fleuve.

— Allons, bonne femme, dit un commissaire des guerres qui avança avec précaution sa tête hors de l'élégante chaise de poste dans laquelle il se prélassait avec un domestique en livrée, tournez à gauche pour que je puisse passer, je suis commissaire des guerres du septième corps !

Le digne fonctionnaire n'avait pas achevé cette

phrase, conciliante suivant lui et devant lui attirer les respects de la cantinière, qu'il poussa un cri de douleur en se rejetant dans le fond de la voiture. Le fouet de l'héroïne venait de l'atteindre au milieu du visage.

— Ah! je t'en donnerai des bonnes femmes, dit-elle avec colère, au large, grenier à sel! si tu ne veux voir briser ta coquille de noix avec tes deux colibris.

— Arrêtez! arrêtez! s'écria le fonctionnaire outragé.

— Puisque tu veux me faire arrêter, répliquat-elle en serrant à dessein les guides de son cheval, promène-toi un peu sur le grand chemin! Là, là... en avant, mon cadet !...

L'effet suivit de près la menace, et le commissaire des guerres roula sur la poussière avec son phaëton renversé, aux éclats de rire de tous les assistans. Mais la belliqueuse cantinière ne s'amusa point à attendre les suites d'un pareil exploit, elle profita au contraire du tumulte qu'il occasionna pour s'ouvrir un chemin plus facile.

— Gare ! rangez-vous, criait-elle, je suis de la vieille-garde !

Quoique cette façon de se recommander aux égards de la foule, lui attira au contraire de grossières plaisanteries auxquelles elle répliquait par d'énergiques juremens, elle ne réussit pas moins à se frayer un passage, et elle arriva sur le bord du fleuve au moment où les derniers rangs de la division touchait à la rive opposée. Elle n'hésita pas à lancer son cheval dans les flots de la Wilia; mais malheureusement ceux qu'elle suivait n'avaient point laissés de traces sur leur route; entraînée par le courant et privée du point d'appui usité en pareille circonstance, c'est-à-dire de la corde tendue d'une rive à l'autre pour faciliter le passage des corps d'armée, elle déviait considérablement et s'écartait rapidement du gué. Les vœux qui l'accompagnaient sur la rive droite, étaient loin de lui être favorables.

— Oh ! ne craignez rien, disait une autre cantinière, elle ne se noiera pas comme si elle valait quelque chose, la créature !...

— Elle en a déjà jusqu'aux yeux, ajoutait une troisième, mais ce n'est pas encore assez... Oh! eh! tires-toi de là puisque tu es de la garde...

— Allons, mauvaises langues, dit cependant en français un vieillard qui avait l'air d'un paysan lithuanien, si toutes les méchantes femmes se noyaient, il n'en resterait guères sur la terre.

—Voyez donc ce vieux rogneur de portions, dirent-elles ensemble avec une merveilleuse facilité, ne faut-il pas venir en Pologne pour apprendre à vivre et voir des figures de singe comme la sienne.

—La paix, mes belles, ajouta cet homme, la vérité est bonne à dire partout, et croyez-moi, ne riez pas du malheur d'une pauvre fille, un peu vive, mais qu'importe! Vous ne savez ici ni les unes ni les autres ce qui vous est réservé... La France est bien loin de Moskow !

— Tiens, qu'est-ce que cela nous fait? répli-

qua l'une des deux femmes, l'empereur Napoléon
n'est-il pas là? Nous le suivrons au bout du monde!

— Vive l'Empereur! crièrent alors plusieurs
personnes.

—Vive l'Empereur! répéta le vieillard, en portant la main à son bonnet de fourrure, je ne demande pas mieux; et vous femelles que le diable
vous emporte!... Pauvre fille! ajouta-t-il en re-
portant ses regards vers le fleuve, sûrement elle
va périr, et moi, je ne suis plus jeune comme
autrefois pour aller à son secours... Ah! voilà un
digne soldat qui quitte son sac et son fourniment..
il se jette dans l'eau.... Bravo, jeune homme,
bravo, camarade!... Bon... quel nageur! il saisit
le cheval par la bride... la voiture est maintenant sur le gué... Sauvée, femelles, voyez-vous
elle est sauvée!... Dieu soit béni!

— Ne parle pas du bon Dieu, vieil espion,
tu ferais venir le diable, qui a une fourrure
comme toi. En plein été, a-t-on jamais vu?...

— C'est que l'été ne dure pas toujours, mé-

chantes femelles, et que je songe à l'hiver... Ah!
voilà un beau soleil, n'est-ce pas? Dans quelques
temps vous le chercherez en vain, mes com-
mères, et vous songerez alors au vieux que vous
insultez, adieu, nous nous reverrons peut-être.

Cet individu se perdit dans la foule. Malgré
l'accoutrement bizarre dont il était couvert, ces
dernières paroles prononcées avec une gravité
que son âge et sa physionomie remarquable rendaient presque solennelle, firent une profonde
impression sur les deux femmes. Elles gardèrent
le silence et demeurèrent un moment pensives en
s'accoudant sur le timon des petites voitures
qu'elles conduisaient.

L'armée française s'avança rapidement dans la
Lithuanie. Enfans de la vieille Pologne, les habitans de cette province avaient conservé dans le
cœur cette sympathie nationale pour la France,
que de longues infortunes n'ont pu en effacer. Ils
favorisèrent la marche de la grande-armée par
tous les moyens possibles et leur généreux dévouement, plus efficace que les ressources habituelles du pays, sut faciliter les approvision-

nemens et applanir les difficultés que, dans ce pays opprimé depuis si longtemps, présente le mauvais état des routes. Cette campagne commença sous d'heureux auspices. Les batailles de Mohilow et de Gorodeczna rejetèrent les Russes sur leur territoire, et un moment l'empire entier des Jagellons et des Sobieski fut au pouvoir des Français. Un cri de liberté et d'indépendance s'éleva de toutes parts sur cette noble terre, à l'aspect de nos couleurs que tant de braves Polonais avaient accompagnées en Italie et en Egypte durant les premières guerres de la république et depuis en Espagne, enfin partout où la valeur française s'était signalée par des triomphes!

Napoléon aurait alors été le maître de jeter les bases durables d'un nouvel état social européen. Il pouvait réparer d'un trait de plume l'acte ignominieux du partage de la Pologne qui avait ajouté au profond dégoût qu'inspira la vieillesse crapuleuse de Louis XV. La restauration du trône polonais eut épargné à l'avenir de grands déchiremens et rendu impossible le funeste résultat de la campagne de Russie; cette noble et grande action manque à la gloire de Napoléon. Quelles que

soient les hautes raisons politiques qui le déterminèrent alors à remettre à une époque, qui ne
devait plus renaître, les vœux de la pauvre Pologne, la postérité ne comprendra point une
pareille excuse; elle regardera avec justice l'inexplicable modération de Napoléon dans cette circonstance, comme une des plus grandes fautes de
sa vie politique, comme une imprudence impardonnable qui justifie ses revers et sa chûte.

Cependant l'armée impériale se précipitait à
la poursuite des Russes avec une valeur qui rappelait les prodiges de la première campagne
d'Italie. Elle semblait voler à une victoire certaine, jamais un aussi grand nombre de plus
braves soldats n'avaient suivis un chef qui dut
compter davantage sur l'aveugle dévouement de
son armée. Sa présence excitait un enthousiasme
difficile à décrire et les Français, confians dans le
génie et la fortune de leur empereur, saluèrent
par des victoires les contrées à peine connues de
cette sombre et froide Russie, où ils suivaient
leurs aigles. Un de ces faits d'armes merveilleux que
l'audace chevaleresque du soldat français rend
seule possible, marqua l'une des premières
journées de la campage. Deux compagnies de

voltigeurs du 9ᵉ régiment de ligne suivaient le cours de la Dwina sur laquelle était appuyée l'arrière-garde russe, entièrement composée de cavalerie. Les principaux corps de l'armée française occupaient les collines en face et l'empereur Napoléon debout sur un mamelon, suivait avec un vif intérêt la marche de ce détachement qui s'avançait dans la plaine. Tout-à-coup la cavalerie ennemie s'ébranle et investit de toute part cette poignée d'hommes. Les voltigeurs français, sans s'étonner de l'imminence du danger, se forment froidement en carré et soutiennent avec une rare intrépidité l'attaque redoutable dont ils sont l'objet. L'armée toute entière s'arrête surprise d'admiration et encourage par ses cris et ses applaudissemens la noble résistance de ces braves. Napoléon envoya demander qui ils étaient : — Enfans de Paris ! répondirent-ils. Ce nom leur resta dans l'armée. Leur énergique dévouement favorisa un important mouvement stratégique, et enfin un corps de cavalerie française put venir les dégager.

.   .   .   .

.   .   .   .

.

Une tradition antique et nationale recommande la ville de Smolensk à la vénération du peuple russe. C'est au sein de ses remparts, suivant cette croyance populaire, que sont déposées les clés de la sainte Moscow, et le conquérant de Smolensk est le maître de disposer du trône du czar. Le plan de campagne des Russes semblait d'accord avec cette pensée populaire, ce fut sur Smolensk qu'ils effectuèrent leur retraite. Mais les Français n'approchèrent enfin de l'enceinte formidable de cette ville qu'après plusieurs actions meurtrières, où le soldat russe leur vendit cher sa défaite.

Dans la soirée qui suivit une de ces sanglantes rencontres, une femme qui conduisait une voiture, attelée d'un seul cheval, parcourait lentement la route qui mène de Liady à Smolensk. Elle n'était plus de la première jeunesse, et jamais elle n'avait dû être belle. Cependant la fraîcheur du costume qu'elle portait et qui paraissait recherché pour la classe peu aisée à laquelle elle appartenait, un air de tristesse répandu sur ses traits, adoucissaient l'expression un peu masculine de sa physionomie.

La route qu'elle parcourait avait été frayée au sein de ces vastes steppes dont les landes de France ne reproduisent qu'imparfaitement l'aspect solitaire et désolé ; mais aux environs de Smolensk de vertes forêts de pins en rompent la monotonie. Cette femme qui paraissait être une cantinière de l'armée française, n'était nullement préoccupée de l'état d'isolement où elle se trouvait et du danger qu'elle courait. Assise sur le devant de sa voiture couverte, la tête appuyée dans une de ses mains, elle était plongée dans une profonde rêverie, d'où ne pouvaient la tirer ni les sombres roulemens du canon qu'on entendait dans le lointain, ni les cris effroyables que des pulks de cosaques poussaient en fuyant du côté du Dnieper, et en traversant les bois voisins de la route. Quelquefois un soupir mal étouffé s'exhalait de son sein ; alors elle secouait tristement la tête, comme si elle eut voulu se soustraire à une idée importune qui l'obsédait malgré elle, elle saisissait brusquement les guides de son cheval, lui adressait quelques mots d'encouragement en l'appelant par son nom favori, puis tout-à-coup cette idée mélancolique reprenait son empire sur elle, les guides s'échappaient de ses

mains, et quelques mots sans suite venaient expirer sur ses lèvres.

Depuis quelques instans la voiture n'avançait
plus qu'avec peine, comme si des obstacles s'é-
taient fréquemment rencontrés sous les roues et
le cheval piaffait quoique le temps fut très-beau et
que la pluie, depuis plusieurs mois, n'eut pu avoir
formé de dépôts d'eau sur la route, tracée d'ailleurs sur un plan légèrement incliné. Tout-à-
coup l'animal s'arrêta, dressa les oreilles et fit en
tendre un long hennissement.

—Qu'est-ce donc, Cadet, dit-elle en tressaillant comme si elle eut été réveillée en sursaut,
as-tu peur des cosaques?...

En regardant autour d'elle pour s'assurer du
degré de réalité que pouvait avoir cette prévi-
sion, elle reconnut bientôt la véritable cause de
l'effroi du cheval. La voiture se trouvait dans
une marre rougeâtre, et les cadavres épars çà et
là indiquaient que c'était du sang qui l'avait formée. Toute accoutumée qu'elle put être à un
pareil spectacle, la cantinière ne put retenir un

cri d'horreur, qui lui fut arraché par cette sanglante image des fureurs de la guerre.

— Après tout, dit-elle, ce ne sont que des
Russes..... Mais non, j'aperçois aussi des uniformes français... Grand dieu! le 24ᵉ léger a
passé par ici... Julien! oh! j'espère que mon
Julien n'est pas là avec ses pauvres camarades.
Mais si cela était, ajouta-t-elle en s'adressant à
son cheval, comme si cet animal eut pu la comprendre, nous n'irions pas plus loin, entends-tu
pauvre Cadet?...

. La découverte qu'elle venait de faire avait
opéré en elle un prompt changement. Son sang-
froid l'avait abandonné, ses grands yeux noirs
devinrent humides, et son sein bondissait sous
le casaquin étroit et garni de boutons qui en
dessinait les formes. Elle examina avec une douloureuse attention tous les cadavres de Français
qu'elle put découvrir, puis croisant ses mains
et levant les yeux vers le ciel, elle sembla remercier Dieu de n'avoir point trouvé parmi eux
celui qu'elle cherchait avec une si douloureuse
anxiété.

— Et qui donnera la sépulture à tant de braves, dit-elle, moi seule je ne le puis pas. Voici la nuit, et sais-je si je suis encore bien éloignée de Smolensk dont j'entends cependant le canon. Allons, Cadet, il faut partir...

— Hola! eh! qui vive sur le chemin?

— France! répondit-elle sans hésiter, à cette voix qui paraissait sortir du fond d'un ravin boisé, à peu de distance de ce champ de bataille.

— France! France aussi de ce côté... Venez m'aider à sauver un brave garçon...

— Où êtes-vous? reprit-elle...

— Je vais au devant de vous ; par ici, par ici.

La nuit commençait à tomber, la cantinière sauta d'un seul bond sur sa voiture, prit une bouteille garnie d'osier et un pistolet qu'elle arma, puis elle s'avança avec résolution vers l'endroit où la voix s'était fait entendre. Elle s'arrêta tout-à-coup à la vue de l'homme qui s'offrit à sa vue peu d'instans après. Ce n'était point un militaire comme elle avait pu s'y attendre, ou du moins rien dans son vêtement étrange n'annonçait qu'il appartint à l'armée. Il était d'une haute taille et portait le costume des paysans polonais, qui consiste en un surtout de peau de mouton dont suivant la saison, la laine sert de doublure ou se trouve placée extérieurement ; un bonnet de peau d'ours et des bottines en veau dont le tan n'avait point enlevé le poil, complétait son costume. Il avait un hâvre-sac militaire, et la buffleterie qui se croisait sur sa poitrine soutenait d'un côté un sabre dont la garde était d'un goût ancien, de l'autre une poire à poudre. Cet homme était d'un âge déjà avancé, de longues mèches de cheveux blancs s'échappaient de dessous son bonnet et ces tristes signes de la vieillesse imprimaient un noble caractère à des traits naturellement sévères, où se lisait l'histoire d'une vie agitée. Cette observation qui n'échappa point à l'œil exercé de la cantinière, dissipa promptement le sentiment de défiance que la présence de cet homme était faite pour lui causer.

— Eh ! bien, mon ancien, dit-elle avec le ton

grivois des femmes de sa classe; que me voulez-vous? J'ai bien vu des uniformes dans ma vie, mais je ne connaissais pas le vôtre, et vous avez bien fait de me dire que vous étiez Français.

— C'est possible, mon enfant, dit le vieillard avec douceur, l'uniforme ne fait pas le soldat; oui, croyez-moi, il y a un cœur français qui bat sous cet habit de peaux. Mais je ne me trompe pas, la providence est grande!... N'est-ce pas vous qui avez failli vous noyer dans la Wilia?

— Oui, répondit-elle, c'est bien moi. Ah! vous étiez là, mon ancien? Allons, je vois que vous êtes des nôtres.

Elle désarma son pistolet.

— J'étais là, reprit le vieillard, vous aviez distribué à droite et à gauche des coups de fouet qui vous avaient valu bien des malédictions; moi seul, quoique je n'eusse point été épargné, je fis alors des vœux pour vous... C'est bien, mon enfant, je n'ai pas besoin de vos excuses, ce n'est jamais volontairement qu'une jeune main se lève contre des cheveux blancs. Venez, ne perdons point de temps, il y a là un jeune sous-officier français qui a besoin de notre secours...

Ils descendirent dans le ravin, couvert d'épais halliers et dont çà et là les feuillages épineux étaient tachés de sang. Le blessé était étendu sur le gazon, la face tournée vers le ciel, auprès de lui on voyait les cadavres de trois soldats russes. Aussitôt que la cantinière put distinguer ses traits, elle jeta un cri déchirant, puis s'agenouillant devant le blessé, elle entr'ouvrit son uniform et plaça la main sur son cœur.

— Il bat!... oh! il bat encore... Aidez-moi, brave homme... si vous saviez!... Julien! Julien... s'écria-t-elle à plusieurs reprises.

— Il ne vous répondra pas, dit le vieillard, allons mon enfant, du courage et du sang-froid. Il paraît que vous connaissez ce jeune homme? Que Dieu soit béni de m'avoir amené dans cet endroit !

— Nous le sauverons , n'est-ce pas?

— Je le crois, reprit-il après un moment de réflexion, il n'y a point de blessure apparente, cet homme n'est qu'évanoui... du sang-froid, je vous le répète, nous le sauverons.

— Vous croyez! combien je vous remercie, aidez-moi, aidez-moi, et je vous donnerai tout ce que vous me demanderez, de l'or si vous voulez... j'en ai dans une cachette de ma voiture, il sera pour vous.

— Et croyez-vous, dit le vieillard en souriant tristement, que je sois arrivé à mon âge sans avoir appris à rendre gratuitement service à mes semblables? Nous sommes seuls ici, jeune fille, avec des morts et un mourant, mais Dieu nous voit... Ecoutez-moi, je connais mieux que vous ces parages que j'ai souvent parcourus à la chasse. Vous ne devez pas songer à continuer votre route; voici la nuit qui devient sombre et la lune ne se lèvera que dans deux heures d'ici. Il faut nous établir dans un endroit que je vais vous indiquer, j'y conduirai votre voiture et nous y transporterons ce jeune homme. Nous ne pouvons passer la nuit auprès de ces cadavres... apercevez-vous le sapin qui se trouve là-bas à gauche du ravin? il ressemble à l'un des noirs clochers de Smolensk... Il y a auprès une source d'eau vive qui se perd sur une pelouse dont le soleil a déjà assez mûri l'herbe pour que nous puissions y préparer au blessé une couche moins dure que cette terre... Attendez-moi et ne m'appelez pas, les cosaques et les loups vous répondraient peut-être au lieu de moi.

A ces mots cet homme saisit une carabine qu'il avait déposée à terre, sans doute quand il s'était assuré de l'état du jeune homme blessé, puis il disparut au milieu des halliers et peu d'instans après la vivandière aurait pu entendre crier l'essieu de sa voiture sur les ronces qui tapissaient le fond du ravin; mais toutes ses pensées étaient concentrées dans un seul objet et malgré l'expérience qu'elle avait souvent acquise aux dépens de son cœur, elle n'éprouva aucun soupçon contre ce personnage singulier. Elle était parvenue à soulever le blessé et à poser sa tête sur son sein. Après avoir essayé de le rappeler à la vie en cherchant à lui faire prendre quelques gouttes de la vieille eau-de-vie contenue dans la gourde qu'elle avait apportée, elle réchauffait ses mains glacées avec son haleine, et l'appelait vainement par le nom de Julien qu'elle lui avait d'abord donné. Tous ses efforts paraissaient inutiles, lorsqu'elle s'avisa de lui frotter les tempes avec la liqueur que la contraction de ses lèvres ne lui avait pas permis de goûter ; cette opération si simple ne tarda pas à produire un effet salutaire, le malade respira, prononça quelques mots sans suite, et entr'ouvrit les yeux. Malgré les recommandations du vieillard elle fit entendre un cri de joie qui se perdît dans les bruyères avec les gémissemens du vent.

— Julien ! dit-elle, cela va-t-il mieux?...

— Où suis-je, murmura le jeune homme, suis-je bien de retour chez mon père? Est-ce vous, ma Cécile?

Un profond soupir fut d'abord la seule réponse de la cantinière.

— Non, reprit-elle, je suis Suzanne... Mais, Julien, où donc est la blessure que vous avez reçue?...

— Ah ! je me souviens maintenant... Je vous remercie, Suzanne. . . Attendez. . . Oh ! cela va mieux. Une blessure... tenez là !...

Il prit la main de Suzanne et la plaça sur la tempe où elle sentit alors une forte tumeur.

— C'est une balle morte, s'écria-t-elle, cela ne sera rien... Vous sentez-vous mieux maintenant?

— Beaucoup mieux, Suzanne, voici la mémoire qui me revient toute entière... J'étais entraîné par trois Russes qui m'avaient surpris dans ce ravin où j'étais entré avec des tirailleurs ; je me suis vigoureusement défendu, et quand le le dernier est tombé, j'ai reçu moi-même un coup... je n'ai plus rien senti, rien vu. Mais vous Suzanne, comment se fait-il que vous soyez auprès de moi... Où est le régiment?

— Vous le saurez plus tard, Julien. Un brave homme qui paraît suivre l'armée vous a trouvé évanoui, il a appelé, je passais sur la route dans ce moment, et je suis accourue... Oh ! je suis heureuse , bien heureuse...

— Cela est étrange, dit le jeune homme, mais celui dont vous parlez, où est-il?

— Il ne' revient pas, répondit Suzanne..... et vous êtes trop faible pour marcher.

— Je suis là et je l'aiderai, dit aussitôt le vieillard. Il y a là bas un bon feu..... Venez, mon major, ne craignez rien, vous voyez que vous êtes avec des amis.

— Oh! je ne crains rien, répondit le jeune homme en riant, mais tout ceci m'étonne. Il me semble que je rêve encore...

— L'homme ne fait pas autre chose durant toute sa vie, ajouta le vieillard en aidant le blessé à se lever. Suzanne, puisque c'est votre nom, passez devant, je serai assez fort pour soutenir ce brave garçon...

Le lieu que le vieillard avait désigné était parfaitement choisi pour un bivouac. Il était abrité d'un côté par l'un des revers du ravin qui s'interrompait brusquement sur une prairie ou plutôt une clairière, qui annonçait le voisinage d'une forêt.. Un bon feu pétillait déjà à peu de distance de la source dont il avait parlé, et un sapin colossal offrait sous ses branches touffues et étagées d'une manière horisontale, un abri sûr et commode.

— La prudence des anciens est bonne à quelque chose, mes enfans, dit le vieillard en détachant les courroies de son hâvre-sac; voici un bon quartier de bœuf que je me suis procuré ce matin; il faut le faire cuire à la française. Vous avez sans doute les ustensiles nécessaires, Suzanne, à l'ouvrage tout de suite; et vous, mon major, la consigne, pour le moment, est silence et repos !

Suzanne s'acquitta avec activité des soins que le vieillard lui avait confiés. Elle allait de sa voiture au foyer, du foyer au sapin sous lequel reposait Julien, puis elle levait les yeux vers le ciel avec une expression touchante de joie et de tendresse, serrait la main de cet homme que la providence semblait avoir envoyé au secours du blessé auquel elle prenait un si vif intérêt, et revenait surveiller les apprêts du repas. Le chasseur s'assit auprès du feu et tira de sa gibecière quelques pommes de terre qu'il mit cuire sous la cendre, mais de temps en temps ses yeux encore vifs et brillans, semblaient parcourir l'étendue sur laquelle la lune versait des flots de sa blanche lumière, et il appliquait son oreille vers la terre pour recueillir des bruits lointains qui troublaient par intervalle le silence de cette scène du désert.

Le jour commençait à poindre lorsque Julien, dont le sommeil avait réparé les forces, sortit de dessous le toit de feuillage où il reposait et s'élança en riant auprès du foyer. C'était un jeune homme de belle taille, et dont le teint un peu hâlé annonçait un enfant de l'une de nos provinces méridionales. Une moustache noire ombrageait ses lèvres et achevait de dessiner le caractère celtique de sa physionomie, qu'animait une vive expression de gaîté et de courage insouciant. Il portait l'uniforme du 24ᵉ régiment d'infanterie légère, que décoraient les épaulettes de carabinier et les galons de sergent-major.

— En avant! dit-il, voilà plus d'une heure

que j'entends battre la diane, je vous mets tous deux à la salle de police si la soupe n'est pas cuite.

— Julien ! s'écria la cantinière, vous ne souffrez plus, n'est-ce pas ? Que je suis contente... mais êtes-vous bien sûr...

— Oui, Suzanne, reprit-il en touchant rapidement diverses parties de son corps, je suis bien sûr de n'être pas mort, je ne souffre plus et j'ai un appétit dévorant, je vous le promets... A propos, pardon, ajouta-t-il en portant respectueusement la main à son front, mon ancien je vous remercie de ce que vous avez fait pour moi ; je m'appelle Julien Durand, de Saint-Magloire, département du Puy-de-Dôme, sergent-major de carabiniers au 24e léger ; si je puis jamais vous rendre service au péril de la vie que vous avez sauvée, quand vous m'appellerez je répondrai toujours présent... Quant à Suzanne, c'est autre chose...

Il porta la main sur son cœur, elle rougit et baissa les yeux, et le gonflement précipité de son sein révélait la douce émotion que ce peu de mots lui causait.

— Je n'en doute pas, dit le vieillard en attachant sur le sous-officier un étrange regard, les braves sont toujours généreux... Vous dites, Julien Durand, que vous êtes né dans le Puy-de-Dôme, répétez-moi cela.

—Rien n'est plus vrai; Julien Durand, le fils du notaire de Saint - Magloire, conscrit de 1810!

Le vieillard eut de la peine à réprimer un mouvement de satisfaction et d'intérêt qui échappa néanmoins aux deux jeunes gens. Il essuya furtivement une larme qui avait mouillé sa paupière...

— Que Dieu vous bénisse, Julien Durand, dit-il avec gravité... Et dites-moi, votre père vit-il toujours?...

— Oh! je l'espère bien, s'écria Julien, mon vieux et bon père! Dieu me le conservera, je l'embrasserai encore... Mais en quoi cela peut-il vous intéresser, et qu'est-ce que cela vous fait à vous, mon ancien, qui, si j'en juge par vos habits, êtes de ce chien de pays, quoique vous parliez français aussi bien que si vous étiez né dans notre Auvergne? Qui êtes-vous, si je ne suis pas trop curieux.

— Jeune homme, répondit le vieux chasseur après une courte pause, il y a souvent d'étranges choses dans la vie de l'homme le plus obscur, voici tout ce que je puis vous dire pour satisfaire une curiosité qui ne me blesse pas cependant. Un serment m'attache à ce pays, un serment sacré et que je ne puis rompre sans offenser Dieu, mais je suis Français!... Peut-être pourrais-je vous parler de l'Auvergne et même de la maison de votre père, mais éloignons ce souvenir, le seul qui vienne me troubler dans ces déserts où je suis condamné à mourir... Vous voulez savoir mon nom, je ne puis vous le dire, car il m'a fallu l'oublier; les pauvres serfs de la Lithuanie au milieu desquels j'achève les jours que Dieu m'a laissés, m'appellent l'homme libre et plus souvent le montagnard, car bien des fois, et malgré moi, durant les longs hivers de ce pays, je leur parle de la terre où je suis né... de nos belles montagnes... Quand j'ai revu les

Français, j'ai pris ma carabine et je suis parti, j'avais besoin de les entendre, de les voir... Tenez, ne parlons plus de cela, la vieillesse n'ôte pas la mémoire... Voilà que je pleure... Julien, ne jugez les hommes que par leurs actions, et non d'après leur costume ou leur nom. Julien Durand... je vous aime.

— Brave homme ! brave homme ! dit Julien, en serrant avec affection dans ses mains les mains osseuses du montagnard, il y a dans ce que vous me dites quelque chose qui me touche profondément... Tenez, je vous connais assez maintenant pour vous aimer aussi. Mais j'entends le canon, mes braves carabiniers me croyent mort. Suzanne, hâtons-nous de plier bagage..... et nous, embrassons-nous, si nous ne devons plus nous revoir...

— Oh ! je le veux bien, répondit-il en ouvrant ses bras au jeune homme, mais je ne vous quitte pas encore.

Quelques heures après Julien marchait à la tête de sa compagnie, qui enlevait à la baïonnette les redoutes de Smolensk aux cris de vive l'empereur !...

II.

MOSCOW.

Smolensk n'était tombée au pouvoir des Français qu'après une sanglante bataille. Trente mille Russes s'y défendirent avec cette résignation passive qui est à-la-fois le courage et l'héroïsme de la nation. Guerrier sans enthousiasme, le Russe meurt du moins avec intrépidité à la place même où son chef lui a ordonné de mourir. Dans cette circonstance un autre sentiment que celui de l'obéissance avait animé ces masses impassibles, murailles animées qui se reconstruisaient sous la mitraille française. Mais ce fut vainement que le dévouement à la religion nationale vint protéger Smolensk, en vain le canon vomissait la mort du haut de ses remparts formidables et de ses tours crénelées, c'est à la baïonnette que les soldats de Napoléon entreprennent d'attaquer ces retranchemens inexpugnables, et Smolensk avec ses remparts, ses tours et ses trente mille défenseurs, tombent sous cette arme irrésistible dans la main des Français.

Des cris de victoire accueillirent encore la présence de Napoléon à Valutina-Gora, à Borodino, à Swolna, à Polotsk, et l'armée russe, battue dans toutes ces rencontres, ne s'arrêta que sur les bords de la Moskowa, non loin de cette grande cité où peu de jours après un éclatant succès, un pouvoir plus grand que la grande-armée devait briser le char triomphal qu'elle promenait dans les solitudes de ces lointaines contrées...

L'aigle française planait sur les minarets dorés

du Kremlin, une bataille terrible avait livré la sainte Moscow au triomphateur de l'Europe, et nos soldats parcouraient avec une joie naïve les rues abandonnées de cette cité asiatique. Les divers corps de l'armée prirent position dans les environs.

A une heure avancée de la nuit et tandis que nos soldats cherchaient à oublier dans le sommeil et le repos les fatigues des journées précédentes, deux personnages semblaient veiller seuls auprès du feu d'un bivouac. Tous deux étaient plongés dans une méditation profonde, et paraissaient étrangers, l'un par son âge et le vêtement d'homme du nord qu'il portait, l'autre par son sexe, aux joies de la victoire, aux espérances du soldat. C'étaient le vieux montagnard et Suzanne la cantinière. Mais qui aurait pu reconnaître dans cette femme triste et souffrante la joyeuse Suzanne Rouget, si fière naguères d'appartenir aux chasseurs de la vieille-garde? Pourquoi la cantinière de Schœnbrunn a-t-elle dépouillé ce costume semi-masculin qui s'alliait si bien avec ses habitudes militaires? Est-ce bien la même femme qui malgré elle semble aujourd'hui affectionner les plus minutieuses précautions de son sexe. Un casaquin à l'espagnole dessine maintenant ses formes, et monte jusqu'à son col qu'entoure une blanche colerette plissée avec soin, un triple rang de chaînes d'or suspend une croix en même métal sur son sein, des boucles de ses noirs cheveux s'échappent avec un désordre qui ne manque pas de grâces, de dessous le chapeau rond en cuir verni, qu'elle porte négligemment incliné sur l'oreille. Ses mains, que des gants défendent à demi contre les outrages de la température et les accidens de sa profession, paraissent, malgré leur développement un peu trop prononcé, blanches et potelées. La chaussure lourde et épaisse d'un cavalier ne dérobe plus la forme élégante de son pied, et la capote grise d'un soldat a fait place à un jupon de soie qui modèle avec grâce sa belle taille, car elle est grande et bien faite. Sans doute Suzanne Rouget n'aurait pu passer pour belle malgré ces soins donnés à sa toilette, mais elle avait ainsi de l'éclat et une certaine dignité, et puis la fraîcheur de son teint, la vivacité de ses yeux, l'auraient fait remarquer partout. Elle passait alors dans le huitième corps pour une beauté incomparable, et nulles femmes de nos salons avec leur teint délicat et leurs grâces diaprées comme les ailes d'un papillon, ne pourraient se vanter d'avoir jamais causé une aussi profonde sensation et fait battre plus de cœurs. D'ailleurs il y avait alors dans sa physionomie quelque chose de mélancolique et de passionné qui inspirait l'intérêt. La femme qui aime tendrement est toujours belle.

Oui, elle aimait, la pauvre Suzanne! Tel était le secret du changement qui s'était opéré en elle. Vive et emportée, mais douée d'une sensibilité profonde et d'un excellent naturel, que les habitudes libres et familières de la vie militaire n'avaient pu pervertir, elle avait donné par reconnaissance son cœur, fermé si longtemps aux douces affections, et qu'une pensée d'amour n'avait jamais troublé! Elle allait périr dans les flots de la Wilia, lorsqu'un jeune militaire se précipita dans le fleuve et parvint à la ramener sur le rivage avec son cheval et sa voiture qui renfermait toute sa fortune, c'est-à-dire les économies de toute sa vie laborieuse et celles de son père, qu'elle avait perdu l'année précédente.

Suzanne était seule désormais sur la terre, elle sentait qu'elle ne pourrait pas demeurer toujours sans protecteur à la suite des armées, mais sa fierté se révoltait contre l'idée de se soumettre au pouvoir d'un homme, porta-t-il deux épaulettes d'or sur son uniforme. La campagne de Russie était la dernière qu'elle fut décidée à suivre, elle voulait après son accomplissement se retirer en France dans la province dont le climat eut été le plus d'accord avec ses goûts et ses habitudes, et elle remettait à la providence le soin de disposer d'elle. Toutes ses résolutions s'évanouirent à l'aspect du jeune homme qui venait de lui sauver la vie. Elle ne retrouva plus parmi les braves de la garde, au milieu desquels elle avait grandie, que des soins et des prévenances qui la fatiguaient. Les journées entières s'écoulaient sans qu'elle eût songé à s'acquitter de ses occupations habituelles. Elle était devenue silencieuse et triste, une pensée seule l'occupait tout entière, celle de son libérateur. En jetant les yeux sur une glace dans une maison de Wilna, Suzanne, qui était femme, comprit le malheur qui la menaçait. Oh ! comment pourrait-elle jamais plaire à ce brave et beau garçon, accoutrée comme elle était... et puis, pourrait-elle vivre sans le voir tous les jours, sans partager les mêmes dangers que lui?... En peu d'instans sa résolution fut prise et ses préparatifs terminés, elle dit adieu aux chasseurs de la garde et se présenta au colonel du 24ᵉ léger qui l'admit comme l'une des cantinières attachées à son régiment. Pauvre Suzanne ! elle croyait être bien heureuse, car elle voyait Julien tous les jours ; mais Julien ne lui parla point d'amour... C'est à lui qu'elle songeait durant cette nuit au bivouac, sous les murs de Moscow. Tandis qu'en proie à d'amères pensées elle cherchait vainement à lire dans l'avenir pour y voir poindre l'espérance, le vieillard levait fréquemment ses yeux vers le ciel, dans lequel se déroulaient avec majesté de vastes napes de nuages blanchâtres. Il semblait y chercher quelque signe précurseur d'un phénomène météorologique, ses observations n'étaient pas toujours sans résultat, et alors les flammes du foyer se reflétant sur son visage austère, y laissaient lire les graves inquiétudes que l'expérience lui faisait concevoir.

— Et vous ne voulez donc pas, Suzanne, dit-il

avec bienveillance, essayer de reposer un moment? Vous m'affligez, mon enfant. Pour moi, c'est différent, il y a longtemps que j'ai rompu avec toutes les habitudes comme avec tous les besoins des hommes civilisés. Je dors ou je veille, sans m'inquiéter s'il fait jour ou s'il fait nuit.

— Oh! vous êtes trop bon, répondit Suzanne en tressaillant, il n'y a plus de repos pour moi...

— Pauvre fille! je le sais bien et vous seriez heureuse, n'est-ce pas? si un autre que moi pouvait comprendre vos chagrins..... J'ai aimé aussi, Suzanne, il y a bien longtemps...

— Vous savez donc que j'aime quelqu'un, reprit-elle en baissant les yeux et d'une voix tremblante, cela fait bien mal n'est-ce pas de n'être pas aimé? Je riais autrefois lorsque des soldats, tristes et affligés, venaient me raconter leurs amours. Oui, je riais, folle que j'étais...

— C'est ainsi que nous sommes tous, dit le vieillard, nous ne pouvons juger de la gravité d'un malheur que quand il nous a frappé nous-mêmes. Voulez-vous, Suzanne, que je parle à Julien...

— Oh! non, non, jamais, s'écria-t-elle avec agitation et en regardant autour d'elle comme si elle eut craint d'être entendue par une autre personne. Il est bon, voyez-vous, il aurait pitié de moi, mais il ne m'aimerait pas...

— Et si vous vous trompiez, Suzanne, si Julien n'avait pas pour vous l'éloignement que vous lui supposez?... Vous êtes une douce créature, une femme dévouée, et vous méritez d'être plus heureuse!

— Non, je ne vaux pas autant que vous le croyez; c'est depuis que j'aime Julien que je me sens disposée à tout souffrir plutôt que de me plaindre. Avant, j'étais violente, emportée, je jurais quelquefois comme toutes ces femmes qui suivent l'armée; mais était-ce ma faute? Je ne vivais pas alors de la même vie qu'aujourd'hui. Il me semble que je suis meilleure à présent, mais il est trop tard, jamais je ne pourrai lui plaire.

— Ecoutez, Suzanne, reprit le vieillard, il nous reste peu de jours à passer ensemble; quoique cela soit bien extraordinaire, j'ai des droits à l'obéissance de Julien, vingt fois déjà j'ai été tenté de lui ouvrir mon cœur : ce sont de bien graves motifs que ceux qui ont pu me retenir ! Mais avant de lui dire adieu pour toujours, si vous le voulez, je me ferai connaître à lui...

— Cela ne me ferait point aimer, dit Suzanne avec tristesse; non, Julien ne peut être à moi, il a des amours dans le village où il est né... Lorsque je le ranimai dans le ravin où il serait mort sans vous, mon digne homme, une parole sortit de sa bouche, une parole bien amère pour moi et que je n'oublierai jamais..... Souvent, quand il est auprès de moi, je vois que sa pensée est bien loin... il rêve à ses montagnes et à cette jeune fille qu'il aime... Une fois je l'ai surpris couvrant de baisers quelque chose qu'il cacha précipitamment dans son sein quand il m'aperçut..... Vous voyez bien que je serai toujours malheureuse...

— Pauvre fille !..... Sans doute vos yeux

sont meilleurs que les miens pour découvrir de pareilles choses..... Je vous plains, Suzanne, je vous plains de tout mon cœur, et si la bénédiction d'un vieillard dont la vie a été bien agitée et bien triste, peut être agréable à Dieu, ma fille, je fais des vœux pour qu'il vous rende au moins l'espérance, car il est bien à plaindre le cœur où elle ne peut plus pénétrer.

Puis il examina de nouveau le ciel avec une attention qui avait quelque chose de grave et d'inspiré, et ses traits vénérables s'animèrent tout-à-coup d'une expression noble et élevée.

— Mon Dieu, dit-il en s'agenouillant, protégez cette foule d'hommes dont le chef est aveuglé par l'orgueil de la victoire... éloignez d'eux les malheurs que je vois écrits là-haut. J'ai déjà vu voler dans les airs les oiseaux du nord qui fuient devant l'affreux hiver de ces contrées, mon Dieu! faites que ce présage soit trompeur ou que je puisse toucher le cœur du seul homme de qui dépende le sort de tant de créatures sorties de vos mains, et qui ont reçu le jour dans le pays où je suis né.

A ces mots le vieillard se leva, prit sa carabine qu'il suspendit par sa bretelle en cuir à l'une de ses épaules, et tendit la main à Suzanne qui n'avait pas vu sans éprouver une vive émotion l'acte religieux auquel il venait de se livrer.

— Adieu, lui dit-il, les étoiles commencent à pâlir dans le ciel, le jour ne va pas tarder à paraître, il faut que je parte, que j'aille à Moscow pour parler à l'Empereur. Je ne veux pas voir Julien, je ne suis pas aussi fort que je le croyais, et après trente ans sa vue me rend des souvenirs qui me déchirent, c'est d'ailleurs mon devoir d'oublier le passé. Adieu, Suzanne, accordez quelques fois une pensée au vieux batteur d'estrade que vous avez rencontré dans les déserts de la Russie, adieu, puissiez-vous être heureuse.

— Et c'est donc pour toujours, répondit Suzanne avec sensibilité, il n'y aura plus personne auprès de moi à qui je puisse parler de lui...

— C'est la volonté de Dieu, Suzanne, et je dois obéir. Ce ne serait pas mon désir que cet adieu fut le dernier entre nous; mais je suis vieux, ce que je vais tenter est bien hardi; et d'ailleurs il peut arriver avant fort peu de temps de tels événemens que le meilleur est de prévoir une séparation éternelle.

— Ce que vous dites m'épouvante malgré moi, s'écria Suzanne, quels sont donc les malheurs qui nous menacent?

— Je ne puis m'expliquer, reprit le vieillard, tout cela est encore bien vague dans mon cerveau affaibli par les années, mais depuis le commencement de cette campagne je suis inquiet sur le sort des Français. Les Russes meurent, Suzanne, ils fuient rarement, et il faut qu'ils aient quelques projets terribles pour abandonner ainsi leur ville sacrée, le berceau de leur nation... Il me reste à vous donner un conseil que je vous supplie de ne pas oublier, si vous voulez revoir la France. Procurez-vous des fourrures dans ce moment où nul ne sait de quel prix elles seront bientôt... Adieu donc, Suzanne, que Dieu vous bénisse!...

Cet homme, dont le caractère et la conduite

étaient également inexplicables , s'éloigna après avoir prononcé ces dernières paroles. Suzanne le suivit des yeux aussi longtemps que le crépuscule du matin put le lui permettre. Tout ce qu'il venait de lui dire avait fait sur elle une profonde impression. Ses avis mystérieux se retracèrent à sa pensée avec l'image de Julien , elle retomba dans la rêverie d'où les consolations du vieillard l'avait tirée quelques momens auparavant. Bientôt tous les objets qui l'environnaient prirent une forme vague et douteuse , la flamme du foyer disparut comme si un voile était tombé sur ses yeux , et le sommeil descendit sur sa paupière appesantie.

Ce furent les accens d'une voix chérie qui la réveillèrent. Julien était devant elle , mais il lui sembla que le jour n'était pas venu encore. Le bivouac était enveloppé dans un nuage sombre et jaunârre d'où s'exhalait une odeur nauséabonde.

— Qu'est-ce donc, Julien , dit-elle , oh! l'étrange rêve que je fais.

— Vous ne rêvez pas , Suzanne , répondit-il,

Moscow est la proie des flammes, et ce que vous prenez peut-être pour un brouillard du matin, c'est la fumée que le vent chasse de ce côté... c'est un spectacle affreux... Entendez-vous le tambour qui bat de tous côtés et tous les cris qui s'élèvent dans l'air? Venez et veillez à votre voiture, l'armée va faire un mouvement.

— Je vous remercie, Julien, d'avoir bien voulu songer à moi.

— Oh! cela est tout naturel et ne mérite pas vos remerciemens, car je vais vous quitter, Suzanne, et si, comme j'ai cru m'en apercevoir, vous prenez quelqu'intérêt à moi, je désire que vous me rendiez un service.

— Vous avez vu que je m'intéressais à vous!... vous me demandez un service..... Oh! parlez, parlez, Julien, je ne sais ce qui va m'arriver, mais mon cœur ne bat plus.

— Vraiment, reprit le jeune homme en riant, votre imagination va beaucoup trop loin, je n'ai rien de malheureux à vous annoncer, Suzanne...

Il prit son bras et la conduisit auprès de sa voiture.

— Cette nuit, continua-t-il, le colonel est venu me réveiller pour m'apprendre que j'étais officier...

Suzanne tressaillit et regarda le jeune homme avec hésitation, elle retira involontairement son bras que soutenait celui de Julien. La pauvre fille comprenait que cette promotion était un nouvel obstacle de plus qui venait se jeter entr'eux.

— Vraiment, monsieur... murmura-t-elle.

— Oh! parbleu, Suzanne, ne m'appelez pas monsieur pour cela, ne suis-je donc pas votre ami?... Oui, je suis nommé officier, mais il faut que je quitte le corps à l'instant même pour rejoindre celui qui m'est désigné. Suzanne, j'ai de tristes pressentimens dont je suis certain que vous ne rirez pas, vous! Je vais à l'avant-garde, il me faut maintenant la croix d'honneur avec mes épaulettes... Je ferai tout ce que peut faire un soldat pour mériter cette distinction, ainsi Suzanne il est possible..... Vous me comprenez, n'est-ce pas?...

Suzanne ne put lui répondre, elle était devenue pâle et tremblante...

— Voici le service que j'ai à vous demander, continua Julien avec quelqu'embarras. Cette boîte renferme un portrait et des lettres que je confie à votre amitié. Il y a dans mon pays une jeune fille que j'aime tendrement, Suzanne; c'est ma première inclination, c'est elle qui doit être ma femme un jour... nous l'avons juré tous deux... Ce portrait c'est le sien, ces lettres viennent d'elle... Si je meurs, Suzanne, et que vous soyez assez heureuse pour retourner en France, promettez-moi de les lui reporter, comme une preuve qu'elle a eu ma dernière pensée... Vous ne me répondez pas; mais vous ferez cela pour moi, j'en suis certain... Un baiser d'adieu, Suzanne.

— Julien! Julien! dit-elle d'une voix étouffée par les sanglots.

Mais il avait déjà disparu. Pauvre Suzanne!...

III.

L'ÉPILOGUE.

Le village ou plutôt le bourg de Saint-Magloire est agréablement situé sur les bords poétiques quoiqu'un peu fangeux du Lignon, qui arrose cette fertile partie de l'Auvergne qu'on appelle la Limagne. On y arrive par plusieurs routes fort mal pavées et dont la nature caillouteuse du sol se charge d'entretenir l'éperon, mais qui sont bordées de haies d'aubépine et de chévrefeuille, et qui limitent des vergers rians et d'élégantes maisons de campagnes. L'église avec son clocher à flèche gothique et à dentelures sarrasines, s'élève sur une colline verdoyante et boisée qui domine tout le paysage et d'où l'on découvre une grande partie du cours du Lignon. Ce fut aux portes même de cet édifice dont les deux battans étaient ouverts, que, vers le 15 septembre 1814, s'arrêta un voyageur qui paraissait souffrant et exténué de fatigue. Il était jeune encore, mais le malheur et la maladie avaient amaigri son visage et voûté sa taille. Un reste de fierté militaire animait cependant encore ses traits pâles et anguleux. Des linges grossiers enveloppaient ses pieds, et son costume délabré, mélange des uniformes de plusieurs armes, le désignait assez comme un de nos infortunés soldats, qui longtemps prisonniers de guerre dans des pays lointains, revoyaient enfin leur terre natale.

Une vive émotion parut affecter celui-ci à l'aspect des lieux où il se trouvait. Son œil brillant et humide semblait chercher parmi les toits qu'on

apercevait au pied de la colline, celui où il était
né. On aurait dit qu'il reconnaissait les arbres sous
l'ombrage desquels il avait joué dans son enfance. Mais de vagues pressentimens de malheurs
plus grands encore que ceux de sa vie militaire,
paraissaient troubler la joie religieuse avec laquelle il admirait ce paysage. Il avait rencontré
sur les routes voisines plusieurs personnes dont
les traits ne lui étaient pas inconnus, mais il
n'avait osé les interroger, comme pour reculer
l'instant où la vérité devait venir confirmer ses
craintes et déchirer sa dernière espérance.

Les cloches frappaient les airs, le grand autel
était paré pour quelque solennité, et l'on entendait dans le lointain les sons agrestes de la
cornemuse, qui se combinent si harmonieuse-
ment avec les échos des montagnes et les bruits
des torrents. C'est que dans le même instant un
cortège joyeux traversait la grande rue de Saint-
Magloire, c'est-à-dire la seule du bourg. C'était
une noce. Le mariage civil venait d'être con-
tracté à la mairie, et suivant l'usage, tous les
habitans du lieu, toutes les jeunes filles surtout,
se plaçaient sur la route que parcourait le cor-

tége, pour examiner la contenance de la mariée. Un seul personnage, d'un extérieur respectable et d'un âge déjà avancé, ferma à son approche la porte de sa maison, ornée de deux écussons qui indiquaient la demeure du notaire du lieu.

Lorsque le voyageur aperçut la tête du cortége, il se hasarda cependant à demander à quelques enfans qui jouaient sur la pelouse auprès de lui, ce qui allait se passer; l'un d'eux lui apprit que c'était un mariage et lui nomma les deux époux. L'infortuné en entendant le nom de la mariée poussa un profond gémissement et saisissant avec désespoir le bâton noueux sur lequel il s'appuyait, il s'avança avec peine jusqu'au seuil de l'église. Lorsque les deux époux passèrent devant lui, il se plaça hardiment sur leur chemin.

— Cécile, dit-il d'une voix sombre et altérée, est-ce donc ainsi que vous tenez vos sermens?... Que Dieu vous pardonne, je vous ai trop aimée!..

La jeune fille jeta un cri d'effroi et serra avec agitation le bras de son futur. Cet incident causa une bruyante rumeur parmi les assistans et l'on entoura avec curiosité cet étranger, qu'on reconnut bientôt pour un enfant du pays.

— C'est Julien! cria-t-on de toutes parts, c'est Julien Durand, qu'on croyait mort en Russie.— A-t-il l'air souffrant, le pauvre garçon?— Julien, me reconnais-tu, je suis Paul Corau? — Je suis Jacques Dodon, nous avons joué ensemble bien souvent.

Et l'on s'empressait autour de lui, on le félicitait, on le consolait, puis les jeunes garçons songèrent à l'arracher à un spectacle qui déchirait son cœur, et ils formèrent en entrelaçant leurs mains un siége sur lequel ils le placèrent. Julien, vivement ému, n'avait pas le pouvoir de s'opposer à la douce violence dont il était l'objet; mais avant de descendre la colline, il trouva assez de force pour dire à ses amis de s'arrêter un moment.

— De grâce! leur dit-il, je puis tout entendre maintenant, dites-moi si mon père vit encore...

— Oui, lui répondit-on.

— Que Dieu soit béni !

Et ses larmes coulèrent en abondance. Deux ou trois garçons des plus alertes avaient pris les devants pour prévenir M. Durand du retour inespéré de son fils... Quelques instans après il était dans ses bras.

Huit jours s'étaient écoulés, et Julien commençait à se remettre des fatigues d'un long voyage. Il avait trouvé dans l'accueil de ses concitoyens une noble récompense des peines qu'il avait souffertes. La joie de son père, ses tendres caresses, lui rendaient la vie; mais il y avait au fond de son cœur une pensée douloureuse, une pensée de désespoir que rien ne pouvait effacer. Cécile l'avait oublié, ce n'était point même volontairement qu'elle avait attendu si longtemps pour se donner à un autre; il y avait plusieurs années qu'elle écoutait le jeune homme qu'elle avait épousée, et jamais le souvenir de ses premières amours n'était venu troubler ses nouvelles espérances...

A cette époque, M. Durand reçut une lettre

timbrée de Clermont, qu'il communiqua à Julien, et qui était conçue en ces termes :

« Monsieur,

« Je viens m'acquitter d'un devoir pénible mais sacré. Votre fils Julien m'avait sauvé la vie, et j'aurais voulu pouvoir lui consacrer la mienne. Sous les murs de Moskow, le jour même où il fut promu au grade d'officier, il me remit un portrait et des lettres qu'il me fit promettre de rendre après sa mort, dont il avait alors le pressentiment, à une jeune fille de son pays... Je vous envoie ce gage précieux de son souvenir, que je n'ai pas le courage de donner moi-même à celle à qui il est destiné. Votre fils, j'en ai acquis la triste certitude, a trouvé la mort dans les prisons de Wilna, où nous fûmes séparés pour toujours... Et moi aussi, je vais mourir, car je n'ai plus rien à faire sur la terre. Cependant, Monsieur, oh ! me pardonnerez-vous mon orgueil, il dépendrait de vous de me rendre encore heureuse quelque temps. Permettez-moi de me présenter chez vous, et de remplacer par mes soins et ma tendresse le fils que vous avez perdu...

Julien! combien je l'aimais!... et jamais il ne l'a
su, il est mort, mon Julien, sans que j'aie osé
le lui dire. Ayez pitié de moi, vous qui êtes son
père, car j'ai tendrement aimé le fils que vous
pleurez... Aucun tourment ne peut se comparer
à celui que j'éprouvai lorsqu'en se séparant de
moi, il laissa entre mes mains ces souvenirs d'a-
mour que je vous renvoie..... Oh! combien j'ai
pleuré.... Julien, mon Julien, je ne te verrai
plus, je n'entendrai jamais ta voix qui remuait
mon cœur, et tu dors pour jamais avec tant de
braves que le froid a dévoré dans cette triste
Russie! Mais nous parlerons de toi avec ton père,
et s'il daigne y consentir, je le servirai..... Oh!
Monsieur, prenez-moi comme servante, je ne vous
demande que cette faveur pour prix de l'amour
que j'avais pour Julien.

« SUZANNE. »

— Elle m'aimait ainsi! s'écria Julien... Mon
père, c'est à elle que je dois le bonheur de vous
revoir!... Oh! si vous saviez quel a été son dévouement! et moi, j'ai pu m'y tromper... Nous
nous retrouvâmes durant cette funèbre retraite

de Moscow, qui a couté tant de larmes à la France. Un froid, dont on n'a aucune idée dans nos climats, frappait tout-à-coup les bataillons qui tombaient tout entiers, sans pouvoir résister à la mort. Quand le jour venait éclairer la route que suivait péniblement le reste d'une brillante armée, des rangs nombreux, de longues files de fantassins et de cavaliers, engourdis par le froid, tombaient debout et sans vie... Eh! bien c'est au milieu des horreurs de cette marche fatale que Suzanne m'a recueilli, quand les privations avaient éteint toute pitié dans les cœurs. Plus courageuse que les plus braves soldats, elle marchait devant la voiture dans laquelle elle m'avait placé mourant... Mon père, Suzanne est la fille d'un soldat, et je lui dois tout...

Voici la réponse de M. Durand :

« Je sais, Suzanne, ce que vous avez fait pour mon fils... Il vit encore, Dieu me l'a conservé! Venez, vous serez ma fille...

FIN.

TABLE

DES MATIÈRES.

FIN DE LA TABLE.